13歳からの世界征服

はじめに

田中真知（作家）

この本はただの人生相談の本ではありません。

なにしろ、あの中田考先生が、相談に答えるのです。

ありふれた人生相談になるはずがありません。

中田先生の本職はイスラーム学者です。

イスラームとはキリスト教についで世界で2番目に多い信者をもつ宗教です。中田先生は日本でも数少ないイスラーム法の専門家です。

でも、この本を手にとった読者の中には、Twitterを通して中田先生を知った方も多いかもしれません。Twitter上の中田先生は猫耳のアイコンで知られ、ツイートの内容は最近のニュースからマンガ、アニメ、ラノベ、食べたものまで、さまざまです。

ただし、「自由」とか「民主主義」とか「平等」とか「教育」といったものを、当たり前のように持ち上げる発言には容赦なく鉄槌《てっつい》を下し、見当ちがいなレスポンスをする相手は即座に「バカブロック」します。

こう書くと「なんて非常識な」と思われるかもしれません。そのとおりです。中田先生は非常識です。常識的に価値があると思われているものの多くが、実は根拠のない思い込みに基づいていることを指摘し続けているという点で、中田先生ほど非常識な人はめったにいません。その意味で、この本も非常識きわまりない人生相談の本です。

人生相談とは、たとえて言うならば、山で道に迷った人を、小高い丘のような、自分と自分の周りがよく見える場所に導くことです。けれども、中田先生は小高い丘ではなく、相談者を一気に成層圏に連れていったり、ときには奈落の底へと叩き落としたりもします。そこから見える風景は常識の狭い範囲をはるかに超えて、生や死にまつわる厳然とした事実に人を直面させます。

たとえば「恋人ができなくてつらい」という悩みに対して「身だしなみに気をつかおう」とか「サークルに参加しよう」というのは小高い丘からの視点です。でも、中田先生は「婚姻届を用意しなさい」と回答します。なぜそうなるのかは本文を読んでください。

この本では中田先生の専門であるイスラームには深入りしていません。しかし、その回答の文脈にはイスラーム的な考え方が常に流れています。

イスラームという宗教は一神教です。一神教では、唯一の絶対の神がいて、善悪を判断できるのはその神だけだと考えます。その神の教えに従うことは信者の義務ですが、人間が作りだした倫理や道徳や常識にはなんら根拠がないし、従う義務もありません。

過激に聞こえますが、要するに私たちが無意識に前提にしているもの、たとえば「国家」とか「学校」とか「教育」とか「民主主義」といったものにはすべて根拠がないということです。「小高い丘」はまだ常識や思い込みの前提に縛られています。そういう前提を徹底的に外した成層圏のような場所から、ものを見たり考えたりしようということです。

この本のタイトルは『13歳からの世界征服』です。

世界征服というと悪い人たちがするもの、というイメージがありますが、それもまた

「当たり前」にとらわれた考え方です。世界征服がなぜいけないと言われるのか。それは国家を侵害するからです。しかし、中田先生はその国家こそが、現代の私たちの中にもっとも深く入り込んでいる無意識の枷《かせ》だと言います。

国家は私たちに安全や安心をもたらしてくれることもあります。しかし、国家の取り決めに反したことをするのは許されていません。国家の許可なしに、国境を越えたり、他の国に移り住むことはできません。そんな「国家があるのは当たり前である」という考え方を疑ってみようというのが、世界征服という発想につながります。

中田先生の言う世界征服もまた、イスラーム的なルーツを持っています。それはこの本の中で幾度も出てくる「カリフ制再興」という言葉です。

カリフ制とは、イスラーム教徒にとって目指すべき世界のあり方です。ごく簡単に言えば、カリフという代理人のもとで、国境をなくして、すべての人や物が自由に行き来できるような世界を作るというイメージです。

もちろん、そんな世界をいきなり作ることは困難です。でも、当たり前とされている身の回りの小さな枠や線をちょっとずつ消していくことなら小学生でもできます。それもささやかながら世界征服への第一歩です。

ここで取り上げた質問は直接中田先生に寄せられたものではありません。百万年書房の北尾修一さんが中学生や高校生の悩みを収集し、そこに私が小学生や大学生の悩みとしてアンケートなどで上位に挙げられていたものを加えたものです。それをもとに中田先生にインタビューを行って構成したのが本書です。質問者に直接答えるというより、質問を題材として語っているというトーンなのは、そのためです。

身もふたもない回答もあれば、そのまま実行したらとんでもないことになりそうな回答もあります。でも、そのくらい枠を踏み越えて自由に考えていいということです。こうしなければならないというわけではありません。決めるのはあくまで自分です。

日本という国は表向きは自由に見えますが、実際には「空気」という見えないルールが、学校にも社会にも、その他いたるところに無数に張り巡らされています。その「空気」を気にしすぎて、生きづらくなっている若い人もたくさんいます。この本が、そんな若い人たちの勇気づけの書になることを願ってやみません。

目次

I章

なぜ人を殺してはいけないのですか？
普通の人間は、人を殺したりものを盗んだりしたいと思いません。それはなぜですか？
なぜ自殺をしてはいけないのですか？
大人がみんなクソに見えます。
勉強と部活ができなければ、自分の存在価値がないように思えてつらいです。
得意なものが何もありません。
生きていく上で一番大切なものは何でしょう？
家も学校もイヤだし、新興宗教に入ろうかと考えることがあります。
自分に価値を感じられません。

気がつくといつもスマホをいじっています。
お金より大事なものなんてあるのでしょうか？
人間は本当に平等なんでしょうか？
選挙には行った方がいいですか？

2章

いじめられています――人間関係の悩み

いじめる相手を殺したいほど憎い。
いじめられていますが、自分は非力なので抵抗できません。
学校に行けばいじめられるし、家にいると親にいろいろ言われます。
友だちがなかなかできません。
友だちや親とのコミュニケーションがうまくとれません。
先輩や後輩と接するとき、気をつかいます。
クラスの中に、目に見えないヒエラルキーがあります。
いじめがきっかけで学校に行けなくなりました。

親が口うるさくてうんざりしています。
自分の家が貧乏だと感じることが多いです。
本当の友だちが欲しいです。

3章 なぜ勉強しなくてはいけないのですか——勉強の悩み

勉強に集中できず、将来が不安です。
受験を控えているのに勉強についていけません。
なんで勉強しているのか、いくら考えてもわかりません。
勉強して将来役に立つことって何でしょうか?
大学に行く意味がわかりません。それでも大学へは行った方がいいのでしょうか?
志望校に落ちてしまったらどうすればいいのでしょう。
他人にできて自分にはできないことがたくさんあります。
夢を追いかけるべきか、収入のいい仕事に就くべきか迷っています。
運動が得意ではありません。

セックスは何歳になったらすればいいのでしょうか？

いいなと思う人はいるのですが、どうやって親しくなればいいのでしょう。

6章

人は死んだ後どうなるのですか――その他の悩み

やりたいことが見つかりません。

なんのために働くのかわかりません。

暗い性格を直したいのですが、どうすればよいのでしょう。

学生ローンで借金をしてしまいました。

人は死んだ後どうなるのですか？

勉強がまったく手につかなくて困っています。

これからの進路が決められません。

学校行事に出るのが面倒くさいです。

留学したいのですが、お金のことを考えると親に言い出せません。

自分と合わない人とどう接したらいいかわかりません。

両親の仲が悪くて、いつも喧嘩しています。
勉強と恋愛とどっちが大事なのでしょうか。
もっとキレイになりたいです。カッコよくなりたいです。
朝なかなか起きられません。
もっとアルバイトをしたいのですが、親が許してくれません。
自由に使えるお金が少なくて困っています。

Ⅰ章

なぜ人を殺してはいけないのですか

〈人生の悩み〉

なぜ人を殺してはいけないのですか？

人を殺してはいけない理由なんて、どこにもありません。

人は人を殺してもいいんです。日本の法律は殺人を禁止していません。

刑法199条には「人を殺した者は、死刑又は無期若しくは5年以上の懲役に処する」と定めてありますが、刑法のどこを読んでも「人を殺してはいけない」とは書かれていません。

「人を殺してはいけない」も含めて、人間が「〜をやってはいけない」と言う場合、それを言う人の「これをやって欲しい」「これは嫌だ」という個人的な好き嫌い・趣味以外の根拠はありません。

人を殺して良心の呵責《かしゃく》を感じる人もいれば、平気な人もいます。人を殺しても、ばれずに罰されることなく一生を終える人もいます。スターリンや毛沢東など、もともと偉い人たちは何百万人、何千万人殺しても何の咎《とが》めもありません。「ひとり殺せば犯罪者だが、100万人殺せば英雄だ」（チャールズ・チャップリン『殺人狂時代』）と言われるように、人を殺して名を上げる人もいます。

今も世界中で戦争が続き、多くの人々が殺されていますが、誰も責任を取りません。文化や時代が違えば、人間の決めた「やってはいけないこと」は簡単に変わってしまうものです。この世界のどこを見回しても「やってはいけないこと」を決められる存在など見つかりません。だいたい「人を殺してもよい」「人を殺すのは悪いこと」というのは、人間が決めることではありません。それを決めるのは神の領分です。

神を信じていなければ、何をやってもいい

もし「やってはいけないこと」を決められるものがあるとすれば、それはイスラームのような、この宇宙を超えた一神教の神だけです。時代や場所によって左右されてしまう人

間には「人を殺すのは悪である」ということを論理的に説明できません。それを決められるのは神だけなんです。

逆に言えば、神を信じていなければ「やってはいけないこと」などありません。「神がいなければすべてが許される」とは、ドストエフスキーの小説『カラマーゾフの兄弟』の有名な言葉です。神を信じていない最大のメリットは「何をやってもいい」ということです。せっかくイスラーム教徒ではないのだから、好きなことをすればいい。あなたはすべて自由です。自由なんだけれども、自由に行ったことの結果はすべて自分に還ってくる。そのすべての責任は自分でとりなさい、ということです。

あなたが人を殺したければ殺せばいいし、殺したくなければ殺さなければいい。

たとえば実際に人を殺したらどうなるのか？　中学生くらいだと、たいていすぐにばれるでしょうね。でも、刑事責任がないので、刑務所ではなく少年院に入れられます。少年院は刑務所と違って、「刑罰」でなく「教育」が目的なので前科はつきません。といっても、履歴書に「少年院」と書くのはあまりカッコいいものではないと思いますけどね。

ともあれ、人を殺して少年院に入ることと人を殺さないことのメリット・デメリットを比べて、どちらを選ぶかというだけのことです。「少年院に入ってもいい、それでも人を殺したい」と思えば殺せばいい。それだけのことです。

それでも、もしも「人を殺すなんてできない」と思うのであれば、「なぜそう思うのか？」を考えてみましょう。何をしてもいいはずなのに、どうしても人を殺せない、できないと思うことがあるのはなぜか？ それは明確に意識していなくても、あなたが何かを信じているからです。その信じているものが、あなたの従っている神に他なりません。

一神教を信じていなければ、人を殺してはいけない根拠はない。殺せないとしたら、あなたが何かを信じているから。それがあなたにとっての神。

「何をやってもいい」と言われても、普通の人間は、人を殺したりものを盗んだりしたいと思いません。それはなぜですか？

人を殺すのもものを盗むのも自由ですが、通常、人が人を殺したりものを盗んだりしないのは、殺したり盗んだりする理由がないからです。殺さなくても生きていけるのならば殺す必要はありません。

たとえ生活に困っていたとしても、普通、人は泥棒をしません。それは、人間に理性があるからです。「欲しいものを盗んで手に入れても、その結果捕まって、刑務所に入って、前科者になって、一生を棒にふるのは損だ」というのが理性の判断です。

人々が理性的に振る舞うと、みんなの生活が良くなります。文化というのは、人々が理性を働かせ、それが制度化されたものです。

でも、文化は社会が安定していて初めて機能するものですから、戦争のような限界状況になって文化が壊れてしまうとどうなるか。

それについて、コリン・ターンブルというピグミー研究で知られる文化人類学者が『ブリンジ・ヌガグ——食うものをくれ』（筑摩書房）という本を書いています。その中に、限界状況下で人間の倫理観や社会性がどんどん崩れていく話が出てきます。そうなると宗教も家族も村のルールも関係なく、みんな自分が生き延びることしか考えなくなり、他人のものを盗むのも当たり前になるそうです。

とはいえ、そんな限界状況でも、人が手に持っているものまで暴力的に奪いとるケースはほとんどないんだとか。というのは、動物はそれぞれの縄張りを持ち、縄張りの中のものを守るために必死に戦うので、自分の縄張りの中では強いのです。たとえ侵入してきた相手の方が強くても、自分の縄張りの中では追い払うことができる。

人間同士もそうです。相手が手に持っているものを盗ろうとしても、縄張りを侵すことになるのでなかなか難しい。それは動物としての本能だからです。理性は、脳の中でも新しい部分、前頭葉の働きです。本能は、脳内のもっと奥にある古い部分、大脳辺縁系の働きです。本能は理性よりも強いので、なかなか他人の縄張りを侵せないのです。

だから、逆に言えば、文化が壊れた状況では、手から放してしまったものはすぐに盗られてしまうんです。私みたいに年を取って動作が鈍くなると、すぐものを盗られてしまう。でも、しょっちゅう盗られていると、それに慣れてしまって「あ、盗られちゃった」と笑っていられるようになり、それが新しい文化になります。

文化がどれだけ変化しても、限界状況においても、本能はいつも人間を守ってくれます。縄張りも本能に組み込まれていますが、人が人を殺さないのも本能です。実はライオンのような猛獣でもふだんは他の動物を殺しません。ましてやほとんどの動物は同種で殺し合うことはありません。人間に近い類人猿のチンパンジーは仲間殺しをすることで知られていますが、あくまでも例外です。人間もそうで、殺人は滅多に起きないバグでしかありません。100人殺せば希代の殺人鬼ですが、逆に言うなら、10年で100人殺したとしても1年で10人にしかなりませんから、誰も殺さず平穏に過ぎる日の方がはるかに多いわけです。殺人鬼ですら、手当たり次第に人を殺しているわけではありません。それは人が本能的に人を殺さないように創られているからです。

ただし、相手の顔を見ることもなく人が殺せる大量破壊兵器やロボット兵器が使われる現代の戦争では、動物としての本能の歯止めは機能しません。平気で人は人を殺すようになるでしょう。

今の日本は戦時下にはありませんので、本能が機能しています。あなたがこれまで人を殺してこなかったのは、文化と本能の二重の歯止めがあったからです。

人間の本能は人を殺したくない。そういうふうに創られているのです。

なぜ自殺をしてはいけないのですか？

「人を殺してはいけない」に根拠がないように、「自殺をしてはいけない」にも、もちろん根拠はありません。死にたければ死ねばいいんです。

自殺志願者を止めようとして「生きていなきゃいけない」と言う人がいますが、それはただの呪いです。「生きていなきゃいけない」と言っている人は、自分が死ぬのが嫌なので、他の人もそうだと思い込みたいだけです。自分が生きていることには価値があると思いたい。だから、他の人に死なれたくない。自分の抱いている価値観を守るために、他人の自殺を拒んでいるだけです。

「生きていなきゃいけない」と言ったところで、人間は誰でもいつか死にます。せいぜい言えることがあるとすれば、「自殺しなくてもいつか死ぬんだから、それまで待っていたら？」くらいです。それでも本人が本当に苦しくて、生きるのがつらければ死ねばいい。

日本の自殺者数は、以前より減ったとはいえ、今でも年間2万人を超えています。行方不明者は勘定されないので、おそらくその何倍かはいるでしょう。そんなにたくさんの人間が死にたがっているし、実際に死んでいるという事実がある。にもかかわらず、それを認められない人がたくさんいる。

人間だから死んだっていいんです。「きみが死んだら悲しむ人がいる」と言いますけれど、悲しむ人なんてたいしていません。数人もいれば多い方です。その人たちだって、1年もすれば思い出しもしなくなります。死にたかったら死ねばいいし、死にたくなかったら死ななければいい、ただそれだけのことです。

自殺してはいけない根拠はない。自殺しなくても人間はいつか死ぬ。

大人がみんなクソに見えます。口では偉そうなことを言っておきながら裏では悪いことをいっぱいしている。子どもには「正直になりなさい」と言うくせに、自分たちは平気で嘘をつく。大人になりたくありません。

本当にそのとおりですね。そのとおりなんですが、自分も同じようなクソな大人になるんです。なりたくないと思っていても、そのままだと必ずそうなります。というか、きみたち子どもはそのクソな大人よりもバカで無能です。

今の日本がそれなりに安定しているのは老人世代、つまりクソな大人たちが作ってきたシステムが、とりあえずはまだ機能しているからです。だから、100万人以上のひきこもりがいても社会がなんとか維持されている。でも、そんなクソな大人たちが日本を支えるために培ってきた技術はもう継承されていません。

安いものをたくさん作る競争では、日本はもう外国に勝てないし、付加価値のあるものを作ることも難しい。そうなると日本に残されたものは何もないので、この先ますます堕ちていくでしょう。

そんな状況の中で「大人がクソだ」と言っていても、何の解決にもなりません。大人はクソですが、そんなクソな大人よりも子どもの方がバカですし、そのうち自分も同じクソな大人になる可能性が高いのです。

クソをどう利用するか

大人がクソだといっても、日本にはサウジアラビアのムハンマド皇太子（2018年、ジャーナリスト・カショギ氏がトルコ・イスタンブールにあるサウジアラビア総領事館で殺害された事件の黒幕と噂されている人物）みたいに「目的のためなら地位と権力を使って平気で人を殺す」という大人はなかなかいません。「大人は汚い、ずるい」と言ったって、たかが知れているんです。

おそらく大人がクソに見えてしまうのはネットの影響もあるでしょう。現実に会う大人以上に、ネットではどうしようもない大人が目につきますから。

大人になりたくても、なりたくなくても、誰でも否応なくクソな大人になるんです。どうせクソになるんだから、大人になってできることを考えている方が楽しいのではないでしょうか。

少なくとも子どもにとっては「大人になればお金が自由に使える」ということは魅力的なはずです。アルバイトをするにしても、大人なら1日で数千円もらえます。頑張れば1万円以上稼げます。

あなたが今、親がお金持ちでお小遣いをたくさんもらえる身分でもなければ、自分でお金を稼げることは魅力的なはずです。

そうではなくて「大人になっても働きたくない」というのであれば、大人は生活保護を申請できます。

それ以外に刑務所に入る方法もあります。

重罪を犯して終身刑になれば、将来の不安は解消します。

大人には働かなければ働かないなりにやっていく道も用意されているのです。

大人がみんなクソに見えるといっても、志を高く持つようになれば「そのクソどもをどうやって利用してやるか？」という発想に変わります。

どうやってバカどもの上に君臨し、世界征服すればよいかを考えてみてください。


自分もそのうちクソな大人になる。それよりもクソをどうやって利用するかを考えてみましょう。

自分という存在が、勉強と部活の活躍だけで測られているような気がします。勉強と部活ができなければ、自分の存在価値がないように思えてつらいです。

「測られているような気がします」って、誰が測っているのでしょうか？　そんなもの気にする必要はありません。気にしても疲れるだけです。他人の評価をまったく気にしないのも、気にしすぎるのも、どちらも病気です。本人が気になるのなら仕方ありませんが、ちなみに私の出身の関西では、勉強よりも、部活よりも、笑いが取れるかどうかがクラスで人気者になるためのすべてでした。

勉強と部活で測られたくなければ、それ以外の何かを発信することです。笑いを取れる存在になるのは高倍率なので、私のオススメは「可愛さ」です。可愛くなりましょう。

ただし、可愛さは追求すると奥が深いので、初心者のうちはまず外見の可愛さから入っていきましょう。経験や修行を重ねていくと、徐々に内面からにじみ出る可愛さを発揮できるようになります。私の可愛さは上級者向け。私と同じレベルの可愛さに到達するためには、厳しい修行が必要なんです。

可愛さにはいろいろなテクニックがあるのですが、初心者は猫の真似から入るのがいいですね。猫はもふもふしていて可愛いですから。

実際の猫の可愛さは高度なテクニックが必要ですから、最初は猫と一緒に撮った写真をSNSにUPするところから始めましょう。それだけで可愛い存在だと思われるはずです。

猫と一緒の写真がなければ、アイコンを猫にするだけでもかまいません。それだけだとありふれている場合は、服装を猫にする。猫キャラクターのTシャツを着たり、猫の着ぐるみを着たり。私のように猫耳をつけた写真をアイコンにするのもオススメです。

次は、学校に猫耳をつけて行ってみましょう。校則に「猫耳をつけて通学してはいけない」という決まりはないはずですから、問題ありません。自分を猫に近づけていくんです。

他にも言葉遣いを変えましょう。とりあえず何かにつけて「ニャー」と鳴いてみる。

「宿題忘れたニャー、困ったニャー」

人によっては、かえって嫌われたり、イタイと思われる場合もあるでしょうが、もともとダメな存在なわけですから、そんなこと気にすることはありません。

誰からも好かれる必要はない

基本的に、クラスの全員から好かれる必要はありません。実害が伴わなければいくら嫌われてもかまいません。50人のクラスで48人に嫌われていても、「可愛い」と思ってくれる人間がひとりいればいい。むしろ「誰も好きになってくれない」と悩む方が問題なんです。勉強や部活でしか評価されないのがつらいのは、「自分を好きになってほしい」という欲求が強いからです。でも、今の自分には特に魅力がない。それならば可愛くするしかない。そこで、まずは猫になるところから始めてみようというわけです。そうすれば、ひとりくらいは好きになってくれるかもしれません。

誰からも嫌われたくないと考えるから失敗するんです。嫌われたって痛くもかゆくもない、ということにまず気づきましょう。殴られたり襲われたりというような、実害さえなければ嫌われてもかまわないんです。

やってみて猫がイマイチだったら、次は犬の真似をしてみる。難しいことをやってもダメなので、まずは「ワン！」と吠えてみる。

「おまえなんか嫌いだワン！」

それでもダメだったらネズミの真似をして、語尾を「チュー！」にしてみる。

「きみが好きでチュー！」

だいたい悩むこと自体、自分がバカだという証拠なので、難しいことは考えず、初心者でもできる可愛さを次々と試してみる。動物シリーズがダメならアニメキャラのように丁寧語を使う手もあります。「ごきげんよう」と挨拶してみるとか。イラつく人もいるかもしれませんが、健気だと感じてくれる人もいるかもしれません。いろいろ試してみて、仲間をひとり見つければいいんです。

友だちなんてひとりいれば十分です。１００人、１０００人にキモイ、イタイと思われても、殴られない限りは痛くもかゆくもありません。まったく気にする必要はないのです。

勉強と部活以外の何かを発信しましょう。猫の真似がオススメです。

友だちはみんな、何か得意なものがありますが、自分には得意なものが何もありません。だから自分に自信が持てません。

得意なものを勉強や部活のような「他人から評価される対象」に限定しているから苦しくなるんです。今の世の中はお金に結びつくものが唯一の価値だと思われています。勉強や部活ができると周りから評価されるのも、将来良い企業に就職できて、それがお金に結びつくと思われているからです。

でも、実際はそんなことありません。勉強も部活も学校を卒業してしまえばどうでもよくなってしまうものです。「得意なもの」をそんなふうに限定しなくてもいいんです。大切なのは価値観をたくさん作ることです。

今は昔よりさまざまな価値観があります。何を好きになったってかまいません。私は小さい頃から本が好きだったので、読書に熱中していると周りの人間なんてどうでもよかったし、学校には軽蔑しかありませんでした。今は本以外にもいろんな選択肢があります。YouTuberが一番偉いという価値観でもいっこうにかまいません。ダイバーシティー（多様な価値観）の時代なのですから。

得意より、マシをさがす

「得意なものが何もない」といっても、自分の中で他のことに比べてまだマシという程度ものなら、誰でも思い当たるでしょう。そういうものがひとつあればいいんです。周りから抜きん出ている必要はないし、他人と比べる必要もない。あくまでも自分の中で比較的マシなものでいいんです。それを見つけて集中する。たとえば勉強で言うと、数学や英語のような受験科目でなくたっていい。家庭科や保健体育でかまいません。他の教科は全部赤点でも、家庭科だけはマシ。それでいいんです。

部活を選ぶ場合でも、学校に自分に合いそうな部がなければ、自分が活躍できそうな部を作ってしまうのもアリです。でも、それができる人ならわざわざ今この本を読んでいないでしょう。その場合は、学校の外に楽しめる場所を見つける方が簡単です。

ただし、これは戦略的にやる必要があります。外に自分を評価してくれる場所を求めてばかりいると、カルト宗教にハマってしまうリスクもありますから。「あなたは素晴らしい人間です」「あなたはまだ自分の才能に気づいていないだけです」などと言って、バカな人間をおだてて集めるのがカルト宗教の常套《じょうとう》手段ですから。

本当は、「周りから評価されなくてもいい」と思えるのが一番の正解なんです。「評価なんてされなくても神様はすべてご存じです」で終われれば、それが一番。

「評価してほしい」「認めてほしい」という欲求を承認欲求と言いますが、そもそも誰に評価してほしいのでしょう？　ほとんどの人間は大したものじゃありません。人間に承認されたからといって、何かもらえるわけでもありません。だったら、そんな無駄はやめなさいという話です。

『イスラムが効く！』（内藤正典、中田考・著：ミシマ社）という本のあとがきで「承認欲求で苦しめられている人間は、そんなことを気にせずに神様のことだけ考えていればいい」という話を書いたのですが、たぶん本書を読む人たちにとっては、それでは答えにならないのではないかと思って、たとえば「猫の真似から始めましょう」などと提案をしているわけです。

評価や承認を求めるかぎり、どこまでいっても承認が得られない不安はつきまといます。学校以外の世界を求めて、猫アイコンのＳＮＳを始めても、今度はツイートする度に「思ったよりも『いいね！』がつかない」と悩んだりするんでしょうね。

人間に評価されなくてもいいと思えるのが一番。それが難しければ、自分の中のマシなものを見つけましょう。

生きていく上で一番大切なものは何でしょう?

繰り返します、可愛さです。勉強も部活も学校でしか使えません。もっと汎用的《はんようてき》に、いつでもどこででも役に立つ能力を身につけるべきです。可愛さはかなりの汎用性があります。可愛い人間は戦場においてすら生き残れる確率が高くなります。仲間から「こいつ可

愛い」と思われると、最前線に送られたりしませんから。もちろん爆弾が落ちてきたら関係ありませんが。

可愛いを目指すには、逆に何をすると可愛がられないかを考えるといいでしょう。能力はかえって邪魔になる場合が多いです。能力があって威張っている人間より、能力がない人間の方が可愛がられます。

なので、基本的には周りの人間に「自分の方が優位に立っている」と思わせられるかどうかがポイントです。可愛い人間は、優位に立ったり、能力を誇示したりしません。いつも威張っている傲慢《ごうまん》な人間はダメです。

あと、「欲深くてはいけない」というのもありますね。ある程度は天然キャラで何かを欲しがるのはいいんですけど、他人を押しのけてまで何かを欲しがったりはしない方がいい。要するに、周りの人たちに「こいつは安全だ」「自分を脅かすことはないだろう」と思わせられるかどうかがポイントです。だからバカでもかまわない。小さくて、もふもふしていて、弱そうに見えるのが大切です。外見的にはゆるキャラ、小動物、仔猫とかですね。

可愛さが必要なのは、年を取ってからも同じです。人間的成熟の理想は、年を取って可愛くなることなんです。可愛い老人こそが、成熟した人間の理想形《ロールモデル》です。今まで生きてこられたことを世の中に感謝し、いろんな欲がなくなって、「あとは若者の成長を見届けよう」という、そんな存在。基本的に、老人は体力も精神力も衰えているので、可愛い存在になって周りから可愛がってもらわないと生きていけなかった。だからこそ枯れて可愛く成熟していくように人間は設計されているはずなのに、今はそうなっていません。老人が枯れずに、いつまでもギラギラしていて、全然可愛くないんです。

今の年寄りは、可愛くないのに世の中に相手にしてもらいたいと思っているので、そこで年寄りがどうするかというと、年寄りにあって若者にないものは「金」と「権力」です。だから両者にモノを言わせて若い人たちを支配しようとして、さらに金と権力に執着し、ますます可愛くなくなる。

その反対に、可愛い人類の代表といえば赤ちゃんです。赤ちゃんは保身なんかしません。自分のことなんか考えずに無防備でいる。これこそが究極の可愛さです。

じっくり観察して、とにかく真似をしろ

話が逸《そ》れましたが、とりあえず可愛さを目指すならば、さっきも言ったように最初は形から入ることです。といっても、その可愛さが必ず相手に通じるとは考えない方がいい。猫の真似をしてもキモイと思われる可能性もあります。それは仕方ないんです。もともと可愛い人間は何もしなくてもそのままで可愛いのですが、可愛くない人間が可愛くなろうとしてるのですからそもそも難しいわけです。

でも、可愛くない人間が一生懸命に可愛くなろうとしている健気さは、ときに涙を誘います。キモ可愛いもアリなんです。何もしないよりはその方がマシです。

あと、生きていく上で汎用的に役立つのが対人スキルです。対人スキルの基本は見ること、つまり観察。「素敵だな」と思う人がいたら、徹底的にその人の真似をする。そのために、その人のどこが魅力的なのかをじっくり観察する。暗い性格を明るくするのは無理だとしても、行動なら真似できます。魅力的な人は、たいてい親切だし、他人の悪口や愚

痴を言わないし、ひがんだりしません。最初は形から入ればいい。中身は伴わなくてもいいので、とにかく真似をしましょう。

あとは、人の話を聞くことです。もともと人気者じゃないのですから無理に喋《しゃべ》ろうとしないで、とにかく相手の話を聞く。これも生きる上で汎用的なスキルで、しかも簡単です。気の利いたことを言うのは難しいですが、人の話を聞くのは、黙って相槌《あいづち》をうっていればいいだけなので、誰にでもできます。でも、老人になるとそれができない。相手が興味のないことでも延々と喋り続けるから、ますます嫌われる。

そうではなくて、相手の話をきちんと聞いてあげれば、必ず可愛がられるでしょう。

なんといっても可愛さです。最初は形から入ってよし。

家にいるのもイヤだし、学校にも行きたくありません。近所に新興宗教の施設があるのですが、その前を通るたびに、ここに駆け込もうかと考えることがあります。

駆け込んでも役に立たないでしょうね。

宗教学者の島田裕巳《しまだひろみ》先生が書いていますが、新興宗教にゆとりがなくなっているんです。戦後の一時期に新興宗教が伸びたのは、貧困と病気で苦しむ人たちの受け皿になったからです。教団が「家」に代わる集団になって伸びたんですね。でも、今の創価学会は金持ち集団なので、本当に貧しい人たち、困っている人たちには敷居が高くて入りにくい。統一教会もそうです。そこに来て高齢化で会員がどんどん減っているので、人助けする余力もなくなっています。

名前も聞いたことのないほど小さな「疑似家族的な宗教グループ」は日本全国にたくさんあります。何年かそこにいれば帰属意識は持てるでしょうが、やはり数は減っているし、将来性もないのでオススメはできません。たいていは金を搾り取られるだけで終わります。

お金のない人でも入りやすいのは、出家集団ですね。お金持ちだと財産を寄付しないといけないので損をしますが、最初から財産がなければ失うものはありません。

ただ、オウム真理教の後継団体も出家集団ですし、ヤバイ集団と知らずに入ってしまう若い人もいるでしょうね。

話は逸れますが、日本社会は昔から「家」がダメなんです。「家」が家族《メンバー》を守らない。でも、世界的にみれば「家」というシステムはまだまだ強くて、アメリカのドラマを観ていてもファミリー（家）が一番大切です。ファミリーのためだったら国家も法律もどうでもいいし、殺人さえ許されてしまう。初対面であってもファミリーの一員、つまり親族であればそれなりに世話してもらえます。

それに比べ、日本の「家」は本当に弱い。もともと核家族に近くて力がない。「家」が持ち出されるのは「名誉を重んじろ」というときだけ。日本人にとって「家」は縛りでしかなく、いざというときのセーフティーネットになっていないんです。

かつては、そのセーフティーネットの役割を「会社」が果たしていました。しかし、今は会社もセーフティーネットとして不安定です。福利厚生の充実した大企業はごく一部で、ほとんどは中小や零細企業。社員5人以下の会社もざらで、すぐ潰れてしまうところも多いのが現実です。

パンとサーカスは与えられている

「家」に守ってもらえず、疑似家族的な「会社」からも落ちこぼれてしまった人たち。ちょっと前までは、そういう人たちは新興宗教に入って自分の居場所を得ていたのですが、その新興宗教も崩れつつあります。今やセーフティーネットになりそうなものは生活保護などの社会保障くらいしかない。それもいつまで続くかわかりません。

今のところはまだ「金持ちを優遇すれば貧しい者にもおこぼれがある」というトリクルダウンの理論がある程度まで機能しています。しかも、家のメンツや世間体を気にして、生活保護を申請したがらない人たちがけっこういる。そのおかげでなんとか社会保障が成り立っています。生活保護を受けるには、親が「子どもの面倒は看ない」と宣言しなくてはなりませんからね。でも、みんなが育児放棄するようになったら破綻するでしょうね。

「トリクルダウンを続けていると格差が広がる」という批判がありますが、格差が広がってもおこぼれがあればかまわない、というのがトリクルダウンの考え方なんです。そう考えるとトリクルダウンは成功していると言えるでしょう。大企業が儲《もう》けることによって、月に1000円あれば1日中寝転がってスマホを見ていられる世界が実現していますから。

「パンとサーカス」という言葉があります。古代ローマで権力者が市民にパン（食べ物）とサーカス（娯楽）を与えることによって政治への批判精神を骨抜きにしたという、いわゆる愚民政策を意味する言葉です。

現代も同じです。

すでに私たちにはパンとサーカスが与えられています。

バカにとってパンとサーカスがあるのは幸せなことです。それも国家が人間を飼い慣らして動物園化しているおかげです。

弱肉強食の厳しい自然環境で生きる野生動物より、エアコン付き畜舎で栄養士の用意してくれた餌を食べて、ぬくぬくと優雅に暮らす動物園の動物になりたいと普通思いますよね。特にきみたちのような、ゆとり世代、さとり世代は。

日本の高福祉はもうしばらくは保つでしょう。ただ、動物園のような国内と違って、国家同士は野生動物のような熾烈《しれつ》な生存競争に晒《さら》されているので、いずれはそれもダメになるでしょう。

家もダメ、会社も新興宗教もダメ、生活保護もダメ。でも、ダメになってからが面白いんです。ダメになっても、実際には人間はなかなか死にません。国家が破綻し、国民の頭上に爆弾の雨が降り、2200万人の国民のうち30万人が死に、500万人が国外に逃れ、600万人が国内難民になっているシリアでさえ大半の人々は生きています。

日本の「家」が冷たいのは事実です。それでもまだ何の役にも立たない穀《ごく》つぶしのひきこもりを100万人も養っているわけですから、ダメな中ではマシな方です。つまらなくとも今は家に置いてもらえているなら、ありがたいと思って当分家にいるのが一番です。

家も新興宗教もダメ、会社も国家もいつかダメになる。でも、ダメになってからが面白い。

自分には取り立てて何の取り柄もありません。親にも先生にも怒られてばかりだし、友だちにもバカにされることが多いです。そんな毎日が続いていて自分に価値を感じられません。

「人間に価値なんかないんです」と言ってしまうと話が終わってしまうので、ちょっと明るい話をすると、やっぱり若さは貴重なんです。若さってすごく価値があるんです。年を取れば取るほど、だんだん人間の価値は下がっていくんです。私くらいになると減価償却も終わっているんで、無価値ですが、もうこれ以上は下がらないので気が楽です。

でも、若い人はそれだけで価値がある。何度も言いますが、これはすごいことです。何千万円、いや何億円もの価値にも匹敵する。

そのことを若い人たちがもっと自覚すべきです。

どこに価値があるのか。まず肉体です。若ければ、この先も長く生きていく可能性が高い。それはどんな仕事でも最低限の条件です。能力が同じなら、明日死んでしまう人よりもこの先も長く生きられる人を雇う方がいいでしょう。

また、基本的に若い人はお金がないから、会社としては「お金を払えばいてくれるだろう」と思えます。この「これから先もいてくれるだろう」という可能性が重要なんです。年寄りだとそうはいきません。どんどん替えないといけない。

年寄りと若い人と、仕事においてどちらが求められているかと言えば、当然若い人です。その職場は必ずしも自分が行きたいところでなかったり、あるいはブラック企業だったりするかもしれません。

でも、「求められている」ということはそうした会社が若さに価値を見出しているからです。

年寄りになるとブラック企業すら求めてきません。

バカの価値は若さだけ

若いというだけで無限の価値があるんです。というか、バカなみなさんの価値は若さだけなんです。

公民館とか囲碁クラブに若い人が行くと可愛がってもらえます。お茶やお菓子を出してくれたり、ときにはごはんだってごちそうしてもらえます。挨拶しただけで「若いのに感心だねえ」と言ってもらえます。

若い人は求められているところへ行く。これが大切です。

自分が行きたいところじゃなくて、求められているところへ行く。

あなたの価値は若さだけです。だから、若さが求められているところに行く。

ブラック企業がイヤなら、消防団なんかもいいですよ。すごく可愛がられるし、自治体によってはお金ももらえます。

こういう話をすると「若さを食い物にされないように」と言う人もいますが、みなさんはバカなんだから、若さを食い物にしようとする人とそうでない人を見極められるわけがありません。

大企業で働いてる人たちだって企業に食い物にされているわけで、程度の差はあれ、みんな食い物にされているんです。生き残れる程度に食い物にされるのはやむをえません。理不尽なことをされたら相手を殺してやるくらいの覚悟があれば、相手も引き下がるので、そこまでひどい食い物にはされないでしょう。

初めの話に戻りますが、若いことが最大の価値なんです。逆に言うと日々あなたの価値は下がっている。

いつでも今が最高だと思っておいた方がいい。

今こそ売り時なんです。

だから、結婚も早ければ早いほどいい。中卒で結婚するのは正しいんです。中卒だと、高校生活や大学生活が輝いて見えるかもしれませんが、バカでも入れる大学で学べることなんか、図書館でもYouTubeでも学べます。

そんなわけですから、みなさんも早く結婚しましょう。

人間に価値などありません。あるとしたら若さだけ。それも日々下がっていくので、今が一番の売り時。

気がつくといつもスマホをいじっています。友だちもみんなスマホをいじっています。通学のときも休み時間もずっとスマホを手放せず、「これでいいのかな」と時々思います。スマホは手放した方がいいのでしょうか。

手放さなくてもいいんじゃないですか。

以前、コラムニストの小《お》田《だ》嶋《じま》隆《たかし》さんが「視野が狭くなった」とツイートしていました。それを読んだTwitterフォロワーたちから「医者へ行け」と言われて、おかげで重篤《じゅうとく》な病気が見つかって命が助かったという話があります。身を守るためにもスマホは手放すべきではありません。

スマホ依存症みたいなことが言われますが、本当に依存症だったら医学的治療が必要でしょう。ただ、問題はスマホそのものではなく使い方です。ＬＩＮＥの既読とか、Instagramの「いいね！」みたいに、所属欲求や承認欲求を刺激されるのが問題なんです。特にＬＩＮＥは返信が重要とされているので大変なんです。

私がTwitterを続けている理由は明確です。イスラーム教徒の義務である「カリフ制再興」［↓135ページ］のためには世界と繋がっていなくてはいけないからです。カリフ制再興は、自分自身の承認欲求とまったく関係がありません。

目標があればスマホとつきあいやすくなります。目標のない人は、とりあえず「世界征服」［↓136ページ］のためにスマホを使う」という目標を持ってください。＊カリフ制再興と世界征服については4章で詳しく触れています。

すでに若い人たちにとってスマホは空気のように当たり前な存在で、手放す方が不自然です。既読スルーなどの承認欲求に関わる問題は、将来的にＡＩが解決するでしょう。持ち主の代わりに既読をつけて返信してくれるＡＩとか、メッセージを代わりに送ってくれるＡＩとか、最終的にはＡＩ同士でメッセージをやり取りするようになって、ＳＮＳは人間不在の世界になるかもしれません。

ゲームの世界はすでにそうですよね。相手がＡＩでもゲームを楽しめているんだから、ＳＮＳのフォロワーが全員ＡＩでも不都合はありません。技術が進化すれば、ＡＩも今よりもっと人間らしく振る舞うようになって、愚痴を聞いてくれたり慰めてくれたりするようになるでしょう。そうなったら、ＡＩの方が人間より知識もあるし、感情的にもならない。間違ったことも言わないし、既読スルーに気を遣わなくて済む。

友だちは人間よりもＡＩの方がいいかもしれませんね。

スマホは世界征服のためのツール。大いに活用すべし。

お金よりも大事なものがあると言いますが、私はお金が欲しいです。お金より大事なものなんてあるのでしょうか？

「お金が欲しい」という言い方は、正確ではありません。お金自体はただの紙切れですから、お金を持っているだけではお腹もいっぱいにならないし、何かに役立てることもできません。ですから、「お金が欲しい」ではなくて「お金を使って×××が欲しい」があるわけですよね。

お金だけ持っていても意味はありません。本当に欲しいもの、お金より大事なものがあるからこそ、お金が欲しいわけです。

それは一体何か。それを知らないまま「お金が欲しい」と言っている人はバカです。何が欲しいかは、たとえば生クリームたっぷりのケーキだったり、恋人だったり、家だったり、クルマだったり、あるいは世界征服の実現だったりと、人それぞれでしょう。

欲しいものは何でもいいんです。でも、自分が本当に欲しいものを知らないのに「お金が欲しい」と言っているのは、世の中や親に洗脳されているだけのバカです。小さい頃から親に「お金は大事だよ」と言われてきたから、「ああ、お金が大事なんだ」と思い込んでいるにすぎません。

洗脳から逃れるには「自分はお金で何がしたいのか」を考えることです。お金で何が欲しいかを考えれば、お金より大切なものがわかるでしょう。

お金を何に使いたいのか。まずはそこから始めましょう。


お金はただの紙切れ。お金を使ってしたいことがお金より大事なもの。

「人間はみんな平等だから差別はいけない」と言われます。でも、はたして人間は本当に平等なんでしょうか？

人間が平等なのは人間性においてだけです。現実にはいろんな不平等が存在しますが、人間であるという点では平等です。

どういうことか説明します。たとえば、男女が平等である必要はありません。しかし、人間の女性とオランウータンのメスを同じようには扱いません。たとえ性別の違いはあっても、人間の男女の方をひとくくりにして扱うでしょう。それが人間性における平等です。平等には、それ以外の意味はありません。男だろうと女だろうと、お金があろうとなかろうと、黒人だろうと白人だろうと、奴隷だろうと自由人だろうと、人間であるという点においてのみ平等です。奴隷の女性はメス犬とは違う存在です。人間は人間として扱います。ただし、平等なのは人間性だけであって、それ以外においては平等ではありません。奴隷も主人も同じ人間ですが、それはそれだけのことです。

同じ人間なので犬やオランウータンと別の扱いをしますが、人間の中では奴隷は奴隷として扱いますし、主人は主人として扱います。つまり、それぞれ別の扱いをします。子どもと大人では扱いが変わるのと同じことです。

人間の子どもはゴキブリの子どもとは別に扱う、人間の平等にはそれ以上の意味はありません。子どもと大人を同じ人間だから同じに扱わないように、奴隷と主人を同じに扱えということにはかならずしもなりません。

人間の中には「男」と「女」とか、「大人」と「子ども」とか、いろいろなカテゴリーがあります。それは本来、まとめて認識しやすくするためのもので、違いを示すものではありません。一人ひとり顔も性格も違うけれど、とりあえず歳はいくつでも、どんな顔でも、頭が良くても悪くても、背が高くても低くても、男性は男性、女性は女性、と男女を区別し、男性同士、女性同士はまとめて認識しようということです。そうしないと情報量が多すぎて処理しきれません。

それこそが差別ではないのかと言われるかもしれませんが、区別と差別に違いはありません。男女が区別できるからこそ、そこに扱いの違いも生まれるのです。

正しくないのは、区別ができないものを差別することです。差別がいけない理由があるとすれば、差別に合理性があるかどうかという点だけです。

たとえば男女の結婚年齢。結婚年齢は国家が決めています。現在の日本では男性は18歳、女性は16歳です。２０２２年には女性の結婚年齢も男性と同じ18歳に引き上げられることになっています。

しかし、ここに合理性はあるのでしょうか。

男と女、大人と子どもの間に差があるのは当然です。しかし、法律で定められている結婚年齢に一体どんな合理性があると言えるのか。身体が衰え子どもも作れず、頭も呆けてきた80歳の老人が結婚できて、若くて健康な子どもがたくさん作れる一番元気な15歳の子どもが結婚できないなんてどう考えてもおかしいでしょう。

こういう悪法こそが「不合理な差別」なんです。

人間が平等なのは人間性においてだけ。それ以外の点で差別があるのは当然。

選挙権が認められる年齢になったら、選挙には行った方がいいですか？

どっちだっていいです。
個人的には時間の無駄だから行かなくてもいいと思いますが。たまたま友だちが世界征服を目指して立候補したというのであれば、行っても良いと思いますけれど。

だいたい選挙制度自体がいいかげんなものです。今の選挙は「普通選挙」と呼ばれていますが、普通選挙とはすべての人が選挙権を持っているという意味です。でも、実際には選挙権の持てる年齢が国の法律で決められている。そこからしておかしいと思いませんか。「選挙権は18歳から」には何の根拠もありません。

そもそも選挙権が国民にしかない時点で普通選挙ではありません。赤ちゃんから死人まで、世界中のすべての人間に選挙権があってこそ、初めて「普通選挙」と言えるのです。現実には赤ちゃんは自分で歩いて投票所まで行けないし、文字も読めないので投票できません。死人も死んでいるから投票できないでしょう。それでも法の原則としては、普通選挙と銘《めい》打っている以上、赤ちゃんや死人に選挙権があるべきでしょう。選挙権に年齢制限があるのは、国家が結婚年齢を決めてしまうのと同じくらい馬鹿げています。

実際、成人の国民でも選挙権のない人間はいます。たとえば、禁錮《きんこ》以上の刑に処されている間は、選挙権も被選挙権も持てません。だから死刑囚には選挙権がありません。皇族にも選挙権はないですね。

もちろん外国人にだって（日本の選挙権は）ありません。ポルトガルの人や、エジプトの人や、ブータンの人や、メキシコの人にないだけではなく、日本に住んで税金を払っている在日外国人にすら選挙権はありません。

「普通選挙は民主主義の礎《いしずえ》」と言いますが、そんなことはまったくありません。私は民主主義に反対しているのではなくて、そもそも民主主義なんてどこにも存在していないし、普通選挙と言いながら選挙権を持つ人と持たない人を分けている。それがおかしいと言っているんです。

いろんなところで私は言っているのですが、今の選挙は普通選挙ではなく「制限選挙」です。また国民主権と言いますが、現実に権力を持っているのは内閣や議会の少数の人たちです。これを寡頭制《かとうせい》といいます。つまり今の世界で民主主義と呼ばれているものの正体は、現実には「制限選挙寡頭制」というものなんです。

どっちにしても、今の選挙で世の中が簡単に変わることはありません。ですから、実生活を良くしたいと思うなら、選挙に行くよりも自分が良くしたい部分に直接働きかけた方がいい。好きなレストランを潰さないためには、選挙に行くよりもそのレストランに頻繁に通って儲けさせてあげる方がいいんです。

私が「選挙に行かなくていい」と言う最大の理由は、選挙に行くことが現行の選挙制度を認めることにつながるからです。

たとえば、四つ角に人が集まっているとします。その人々はこう言っています。

「おまえたち、ここから右に行くか左に行くか、前に進むか後ろに戻るか、みんなで投票しろ。一番多く票の入った方向に全員揃って進め」

そう言われて投票し、進む方角を決めて、その結果を全員に強制するのが選挙という制度であり、「民主主義」と呼ばれているものです。

でも、そもそもなぜみんなが一緒にひとつの方向に歩かねばならないのでしょうか。一人ひとりがバラバラに、そんな声は無視して好きな方向に歩いてはなぜいけないのでしょうか。SUPER BEAVERも歌っています。

七色の中でどれが好き？　初めから限られた問いに答えられずにいる自分を疑う必要なんてない。（「セトウツミ」オープニングテーマ「虹」）

私たちが世界征服を目指すなら、既存の選択肢ではなく、現行の制度そのものを否定して、自分の制度を作ることを目指しましょう。

まあ、ムスリム世界の一部の国々のようなところでは不正選挙が横行していて、政権に反対すると殺されることもある。それに比べれば日本の選挙制度はかなりマシな方なんですけどね。

どっちでもいい。ただし、選挙で世界は良くならない。

2章

いじめられています

〈人間関係の悩み〉

いじめにあっています。自分をいじめる相手を殺したいほど憎いと思うことがあります。でも、殺してしまったら自分が犯罪者になってしまいます。どうしたらいいでしょう。

和光市で祖父母を殺傷した中学生の事件がありました。

（埼玉県和光市のマンションの一室で80代夫婦が殺傷され、同市に住む孫の中学3年の少年（15）が殺人未遂容疑で逮捕された事件で、少年が調べに「学校に許せない生徒がいて殺そうと思っていた。家族に迷惑をかけたくないと思い、まず家族を全員殺してからにしようと思った」という趣旨の供述をしていることが、捜査関係者への取材でわかった。「朝日新聞」２０１8年10月20日）

学校の許せないやつをどうしても殺したい。でも殺すと家族に迷惑がかかる。だから、まず両親と祖父母を殺してからそいつを殺そうとする、というややこしいことをした。でも、結局、祖父母を殺傷したところで捕まってしまった。これでは何のためにやったのかわかりません。

「なぜ人を殺してはいけないのですか?」への回答でも述べましたが、人間が「これはやってはいけない」と言っていることにはすべて何の根拠もありません。この世の善悪は人間には決められません。もちろん法律には善悪の根拠などありません。法律における合法と不法ということと、宗教や道徳における善悪とは別の問題です。

日本の刑法には「人を殺すな」とは書いてありません。つまり、人を殺しても刑法に反したことにはなりません、死刑や懲役刑に処せられるだけです。正当防衛だったり、未成年だったり、発狂していたりしたら、減刑されたり、無罪になったりすることもあります。刑法に反する事態とは、国家が殺人犯を死刑もしくは懲役刑に処すことができなかった場合か、死刑もしくは懲役刑以外の刑を下した場合のみです。

殺すのと、いじめられているのと、どっちが楽か

繰り返しますが、一神教を信じていなければ何をやったっていいんです。殺したければ殺せばいい。「そんなことをしたら捕まる」と言う人がいるかもしれませんが、そもそも「捕まってもいい、殺したい」と思う相手がいるから殺すんでしょう。だから、その殺したい相手ではなく、自分の祖父母を殺し、しかも捕まる人はバカです。少なくとも殺したい相手を殺してから捕まった方がマシです。合理性もあるし本人も納得がいくでしょう。

もし捕まりたくなければ、完全犯罪を一生懸命計画するなどして、隠れてうまくやることです。ハードルは高くなりますが、そこまでしても殺したいのなら殺せばいい。

つまり、どちらが自分にとって楽かということです。完全犯罪で人を殺すのと、いじめられていることのどっちが楽か。人を殺すよりもいじめられている方が楽ならそのままでいいし、つらいなら殺す。そういうことです。敵は排除するか、排除できなければ逃げるしかありません。

ただ、大人になるとわかりますが、嫌いな人間や困った人間を排除するのは大変なんです。そうなると、殺すのが一番楽、というか殺すぐらいしかできない。

相手ではなく自分を殺す、つまり自殺という手段もあります。そっちの方が楽だと思うならそうすればいい。それは本人の自由です。でも、相手がよほど迷惑なやつだったら、相手を殺した方がいいと思いますけどね。少なくとも、殺すという選択肢はあるんです。

ただし、その結果を引き受けるのは自分です。

神を信じていないのならば、何をやってもいい。殺すという選択肢もあるが、結果を引き受けるのは自分自身。

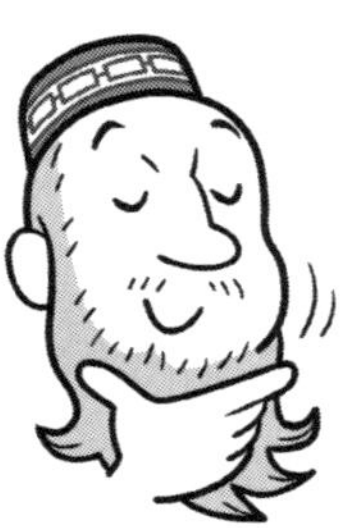

いじめられていますが、自分は非力なので抵抗できません。でも逃げたくはありません。逃げないで問題を解決したいのです。どうしたらいいですか。

そんなことはできません。

そもそも「物事に解決策がある」という考えが間違っています。たいていの問題に解決策はありません。大人だって解決なんてなかなかできるものではありません。ましてや子どもにうまくできるわけがありません。

何かを解決しようと動くと、たいてい失敗するか、現状よりも悪くなります。いじめの問題に限らず、社会とはそういうものです。

基本的に、現状が動いている背景には何かしらの合理性があります。今がうまくいっていないとしたら、そこには合理的な理由がある。無理に何か変えようとすると、今動いているものまで動かなくなります。

いじめられているにしても、あなたが今生きているのだとしたら、おそらく明日も生きていけるはずです。そういう考え方を帰納法と言います。多くの場合、世の中とは、今起きている状況が惰性で続いていくものです。解決しようと無理をするより、我慢してやり過ごす方がうまくいく。中学や高校は3年経てば卒業するのだから、その間我慢する。我慢が嫌なら不登校になればいい。解決など必要ありません。

生き延びるために逃げる

ただ、いじめられない方法のひとつに「誰かの子分になる」という手があります。いじめとは、みんなが横並びのときに「目立つ子」を叩くという構図です。上下関係があると、かえっていじめは起こりにくいものです。子分になれば親分からパシリにされることはあっても、いじめの標的にはされにくくなります。

でも、今いじめられているということは、そのような親分を自分で見つけられなかったからですよね。おそらく相談できる友だちもいないし、先生も頼りにならないのでしょう。だとすれば、逃げるのが一番です。

どんな生物にとっても、生き延びるための第一の選択肢は逃げることです。それは卑怯でも恥ずかしいことでもなく、身を守る上でもっとも自然な行動です。逃げて逃げて、それでも逃げ切れなかったら、そのときは闘うか、殺す。これも生物として当たり前のことです。逃げられる間は逃げつづけましょう。

逃げ先はどこでもかまいません。行き先がないとか、そんなことは考える必要ありません。動物は「どこへ逃げようか」なんて考えませんからね。自分の部屋に逃げられそうだったら、そこでひきこもればいい。

ひきこもるのはまったく問題ありません。ひきこもりや不登校を問題視しているのは、先生や親だけです。きみたちが忖度《そんたく》する必要なんかありません。ひきこもれる環境があるのは幸せなことです。3年間ひきこもれば学校も変わるし、環境も変わります。

解決策はありません。まず我慢。それが無理なら逃げる。

学校に行けばいじめられるし、家にいると親にいろいろ言われます。
どこかへ行きたいけれど、どこに行けばいいかわかりません。

我慢できるなら我慢した方がいいです。夏目漱石はこう言っています。
「智《ち》に働けば角《かど》が立つ。情《じょう》に棹《さお》させば流される。意地を通せば窮屈だ。兎角《とかく》に人の世は住みにくい。住みにくさが高《こう》じると、安い所へ引き越したくなる。どこへ越しても住みにくいと悟った時、詩が生れて、画《え》が出来る。人の世を作ったものは神でもなければ鬼でもない。矢張り向う三軒両隣りにちらちらする唯《ただ》の人である。唯の人が作った人の世が住みにくいからとて、越す国はあるまい。あれば人でなしの国へ行くばかりだ。人でなしの国は人の世よりも猶《なお》住みにくかろう。」(『草枕』)

たとえば山に逃げたとして、物分かりが悪い親や嫌ないじめっ子でもたいていは熊よりはつきあいやすいものです。少なくとも熊よりはいじめっ子の方がましだと思えば、逃げずに今いる場所にいられるのではないでしょうか。自分の今いる位置をちゃんと把握することは大切です。

熊のいる山でなくても、都会の漫画喫茶にもリスクはある。今はネットで泊めてくれる人を探して見つける人もいますが、女の子だと逃げた先でどうなるかわかりません。

おまわりさんが助けてくれる

ただ、どうしても我慢ができないという人もいるでしょう。本当に無理だと思うなら、逃げればいい。そういう人に必要なのは、どこへ逃げたらいいのかという情報・知識なのですが、それは学校では教えてくれません。そういう知識こそ生きるのに必要なんですけどね。

たとえば、いじめられたときに宗教団体に逃げ込んだとしましょう。でも、宗教団体は強制力を持っていないので、子どもを受け入れてしまうと「誘拐」になってしまいます。そこまでのリスクを引き受けてくれる宗教団体はなかなかありません。同じく学校も児童相談所も強制力がないので助けにはなりません。

では、強制力を持っている集団はどこか？

それは警察です。

本当にいじめられて困っているなら、交番へ行ってひたすら「助けてください」と訴える。相手にしてもらえなければ交番の前の道に寝っ転がって、泣いて手足をバタバタさせて「助けて」と叫び続ける。そんな恥ずかしいことはできないと言うなら、いじめよりもその恥ずかしさの方が嫌なわけですので、そのいじめは大したことはないということです。交番の前で寝っ転がって泣き叫んでも、それでも助けてくれなければ、前に布団を敷いて泊まり込む。警察は相談しに来た人を物理的に追っ払えません。
実際、父親に暴行を受けた小学生の息子が、市内の交番に駆け込んだことがきっかけで、父親が逮捕された事件がありました。

（山形県警米沢署は10日、自宅で小学生の息子の顔をたたいたとして、暴行容疑で、同県米沢市の自称飲食店従業員、酒井智博容疑者（42）を逮捕した。息子は被害に遭った翌日、自宅近くの交番を1人で訪れ「父親にたたかれた」と届け出た。「産経新聞」２０１９年7月10日）

いじめられたら、迷わず交番へ行きましょう。おまわりさんが助けてくれます。警察からは面倒くさいやつだと思われるでしょうが、追い返されても、交番の前の道に寝っ転がって手足をバタバタして「助けて、助けて」と泣き叫び続ければ、おまわりさんも困って何とかしてくれるでしょう。
そして、そこまで面倒くさいやつだと思われると、きっと周りもいじめません。

まず我慢。無理なら警察に駆け込む。

「みんなと仲良くしましょう」と言われますが、私は友だちがなかなかできません。そもそもみんなと仲良くする必要があるのでしょうか。

基本的に友だちなんて、なんだかわからないうちにできるものです。「なんでこんなやつに友だちがいるの?」って人もいます。逆に、なんだかわからないけど友だちができないケースもある。友だちができるもできないも、なんだかわからないものです。ですから、

そのことで悩んでも仕方ありません。

だいたい「みんなと仲良くしましょう」「仲良くしなくちゃいけません」という言い方は、「人を殺してはいけません」と同様、何の根拠もありません。

「仲良くしなさい」というより「友だちを殺そうとすると殺されますよ」くらいのことを教えた方がいい。「仲良くしなくてもいいけど殺すと面倒だよ」とか「殺して見つかったら少年院行きだよ」ということを教える方が、はるかに現実的です。

学校は「仲良くしよう」とか「殺してはいけません」とか「〜するのが正しい」といった建て前を押しつけてきます。でも、現実にはそこからこぼれ落ちる人もいる。その人たちがどうなるかについて、学校はきちんと教えません。

たとえば、人を殺して少年院に行くとどうなるのか。少年院は教育機関ですから教育も受けられるし、いろんな技能も身につけられます。「少年院の1日」とか「出所後の再犯率の統計」とか、本来そういうことを中学校のホームルームでちゃんと教えるべきです。その上で自分はどういう人生を選ぶか、各人の価値観にしたがって決めればいい。

刑務所で国に支えてもらう生き方もある

何度も言っていますが、神を信じていなければ、すべて許されているんです。従うべき命令がないのですから、良いも悪いもない。事実があるだけで、価値観は人によって違う。ただし、世の中的に悪いことをすると、世の中的に悪い結果が起こることがけっこうある。万引きぐらいなら見つからずに何事もなくすむかもしれません。でも、人を殺すとたいてい捕まります。それを気にしない人間であれば全然かまわないわけです。世の中的に良いとされていることを良いと思わないのならば、そんなことはしなくてかまいません。

世の中的に良いにせよ、悪いにせよ、何を選んでも人生にリスクはつきものです。きちんと学校に行っても、それで健全で安心できる生活が送れるわけではありません。悪いことをして少年院や刑務所に行く方がいいなあと思う人もいるでしょう。

刑務所に入れば、制限はあるものの、収監中は路頭に迷う心配はない。食事も寝るところも保証され、健康的な生活を送れます。能力の高い低いで差別されることもない。だから、世の中でまともに生きていくのがどうしてもつらい人は、罪を犯して刑務所で国に支えてもらう生き方もあることは教えた方がいい。悩み多い中高生には、それだけでも救いになるでしょう。

学校では有名人を呼んで話をしてもらう行事などがあります。しかし社会的に成功した人よりもむしろ元犯罪者を招いて、刑務所での生活や出所後の生活などについて話してもらう方が、よほど勉強になります。だいたい有名人なんて、たいていの人はなれないわけですから、そもそも参考になりません。それより、身を持ち崩して犯罪者になる可能性の方がずっと高いでしょう。だから元犯罪者の話を聞いた方が「犯罪は割に合わない」と悟れるかもしれません。逆に、その人が楽しそうだったら、こういう生き方もあるのか、と蒙《もう》を啓《ひら》かれる生徒もいるでしょう。

みんなと仲良くする必要はない。生き方は人それぞれ。

友だちや親とのコミュニケーションがうまくとれません。どうしたらいいでしょう。

コミュニケーションなんて、無理してとる必要ありません。

夫婦だってコミュニケーションをとらない方がうまくいくこともあります。

だいたい昭和の男なんて、家の中では「飯、風呂、寝る」しか言わなかったものです。

日本語のできない外国人と結婚して、うまくやっている夫婦もいます。言葉が通じなければあきらめてしまいますからね。逆に言葉が通じると、お互いにわかったつもりになって喧嘩になりやすい。

「話せばわかる」と言いますが、たいていは話せば話すほど、こんがらがってわからなくなるものです。

「話せばわかる」と言う人は、もともと恵まれた立場にいるんです。立場が上だから、周りが「うんうん」と聞いてくれて、本人はコミュニケーションがとれたつもりでいる。でも、周りはまったくそう思っていない。

話したところで現実はたいして変わりません。

コミュニケーションと呼ばれているものは、たいてい言い訳です。互いに言い訳し合って、わかり合ったつもりになって、結局、現状が維持されるだけ。問題が解決するわけではありません。時が経てばまた同じことが繰り返される。民主主義もコミュニケーションもその程度のものです。

最近は会社でも、無駄な会議をなくそうという動きがありますね。コミュニケーションをとるはずの会議が、実際には時間の無駄でしかなかったことがはっきりしてきたんです。

社内改革なども、やるとだいたい失敗します。

要するに、たいていのことは変えると悪くなるんです。

それでも、どうしてもコミュニケーションをとれないのが耐えられなければ、話すよりもとりあえず殴ってみましょう。殴ってから考える。あるいは警察沙汰にする。そうしたら状況は動くでしょう。それをコミュニケーションと言っていいのかどうかはわかりませんが、今の状態が耐えられないんだったら、何でもいいから動けばいい。でも、そこまでするほどでなければ、我慢して何もしない方がマシです。

無理してコミュニケーションをとる必要はない。話せば話すほどこんがらがるだけ。

先輩や後輩と接するとき、気をつかいます。うまく距離感がつかめないというか、どのように接したらいいのか困ってしまうことが多いです。どうしたらいいでしょう。

先輩・後輩の関係って、今では部活くらいしかないですよね。それで苦しいなら、部活を辞めればいいだけの話です。

そもそも「先輩と後輩の距離感がつかめない」と悩む人は、同輩同士の距離感はつかめているのでしょうか。人と人との関係がつかめていないから、先輩・後輩だとますます難しくなるのではないでしょうか。

結論から言いましょう。距離感なんてつかめなくてかまいません。何でもそうですが、人間が困っている問題のほとんどは、大した問題ではありません。全部どうだっていい。

気にするから困るんです。気にしなければ困りません。だから、距離感がつかめなければ放っておけばいい。

たとえば先輩が掃除をしているのをボケーっと見ていて、先輩が嫌な顔をしていたとしても、本人が気づかなければ問題ではありません。それでいじめられたりするようになって初めて問題になる。それでも、中にはそれをいじめだと気づかない人だっているでしょう。それなら何も問題ありません。

今の時代に先輩・後輩の距離感がつかめないのは当然なんです。本質的な話をすると、そもそも規範がないからです。

先輩・後輩の関係のベースは、「年長者を尊敬する」という規範です。これは今はけっこう曖昧《あいまい》になっていますが、どの宗教でもどの文明でもずっと言われてきたことです。だから、それなりに合理性があった規範なんですね。

昔だと、先輩・後輩がいるのは当たり前でした。先輩や後輩のいる集団の中で、人間は自然と規範を身につけていったんです。

ところが、今の学校のように同じ年齢集団に入れられてしまうと、部活以外では同学年の人間としかつきあわないし、ネットの世界になるとそもそも相手の年齢がわからない。混乱するのも当然です。

それでも学生レベルでは、年功序列にはまだ合理性があります。先生は生徒よりも人生経験があるし、上級生は下級生よりも知識がある。だから、先生や上級生を尊敬するのは、ある程度は理にかなっている。基本的に、礼儀や社会的ルールを守っていれば、モノを考えなくても済むから楽なんです。長いものには巻かれた方が生きやすい。

丸ごと先輩の真似をする

ただ、それはあくまでも一般論であって、現実にはバカな先生やバカな上級生はいくらでもいます。それに対してどう振る舞うか。

そこで「年長者を敬え、なんておかしい」「人間はみな平等だ」と主張したいのなら、断固戦えばいい。でも、それをやり始めると、先輩だけでなく先生や親とも戦わなくてはなりません。平等主義者を貫くのはかまいませんが、親と子ども、先生と生徒も平等なのか？　そうやって突き詰めていくと、現実の世の中には平等なんてまるで存在していないことに気づくでしょう。

ただ、まあ、実際にはそこまで信念を持って戦う人はほとんどいないと思います。これまで家でボーっとしていたら、親が何もかも面倒を見てくれていた。そうやって育ってきたので、部活動でも自分が先輩に対して何をすればいいかわからない。だから、先輩・後輩の関係の中でどう振る舞えばいいか考えられない。気がつくと部活の中で浮いている、挙句の果てにはいじめられる。そんな人の方が多いのでしょう。

そういう人は、とりあえず泣く。泣いて訴えてみる。号泣する相手には、たいていの人はとりあえず手を止めます。その方が、なまじ主義主張を述べ立てるよりも現実的です。

あと、バカな先輩がいるなら、その先輩の言うことを聞いているとかえって可愛がられるかもしれません。バカな先輩は人望がないでしょうから、子分になると可愛がられます。もっとも、バカに可愛がられてもあまり良いことはないかもしれませんが。

いずれにしても、おとなしく先輩の言うことを聞く方が楽に生きられます。一番いいのは、全部丸ごと真似をすること。先輩が掃除をしていたら、自分も掃除をする。先輩がトレーニングをしていたら、自分もトレーニングをする。そして、いざ理不尽な仕打ちにあったときのために、いつでもＩＣレコーダーを隠し持っておく。何かあったときに証拠を記録するための備えです。

もちろん、そこまでして部活にこだわる必要もありません。

最初の話に戻りますが、部活なんて不利益がなければ辞めればいい。逃げるのが一番です。逃げられるものからは全部逃げればいい。

そもそも運動部というのが、諸悪の根源です。運動部は野蛮人の巣窟《そうくつ》ですから。運動部を辞めて将棋部や少女漫画クラブなど、オタク系の部活に入ることをオススメします。将棋を指す人に悪い人間はいませんから、それで全部解決です。

部活なんて辞めればいい。運動部は諸悪の根源。

クラスの中に、目に見えないヒエラルキーがあります。自分はなんとなくその下の方にいるので、いじめられやしないかと、いつもびくびくしています。でも、孤立するのが怖いので、その中から抜けられません。このまま残りの学生生活を送るのはつらすぎます。

孤立が怖くても抜ければいいんです。今どき、クラス内で孤立しても、どうにでもなります。ＳＮＳで友だちを作ればいい。「ＳＮＳがあれば孤独なんかない」と言っている人、いっぱいいますよね。

ただし、いきなりＳＮＳの中で「発信する側」になるのはハードルが高い。そういうことができる人は最初から孤立しません。あくまで発信者の周りで、時々「わあ、すごい」と言ったりするところから始めましょう。

初心者は、自分が好きなものに無難なコメントをするところからでしょうね。たとえば好きなアイドルがいるなら、その取り巻きになって最初は「いいね！」を送る。その次は「好き♡」「今度のアルバム、良かったです」というような無難なコメントをしてみる。コメントにクオリティーの高さなど求める必要はありません。それを淡々と繰り返せば、いつのまにか友だち（フォロワー）が増えて、孤立なんて怖くなくなります。

アイドルは誰でもいいんです。ＡＫＢグループやジャニーズのようなメジャー系でもいいし、もっとマイナーなアイドルでもいい。ＳＮＳの世界は広いので、必ずどこかにあなたと同じアイドルが好きなファンがいます。そういう人たちのグループにぶら下がるところから始める。要するに、学校の他にもうひとつ世界を作る。それで解決です。

ヒエラルキーから抜けても大丈夫。ＳＮＳがあれば孤独なんてない。

いじめがきっかけで学校に行けなくなりました。現在、登校拒否中で、自室にひきこもり続けています。親に連絡があったり、先生が家に来たりしますが、学校に行く気になれません。

これはもう、そのまま続ければいい。極めてください。それで困ったり、苦しかったりするのでなければ、まったく問題ありません。苦しければ出ていったらいい。好きにすればいいんです。罪悪感や後ろめたさを感じる必要はありません。堂々と登校拒否していればいい。だいたい登校拒否したり、ひきこもったりする人間は外に出てもどうせダメなんです。だから、ひきこもっていても、外に出ても、大して違いはありません。もし、家の他にひきこもれそうな良い場所があるなら、そっちへ行くのもいいでしょう。

たとえば図書館。図書館は今、定年後にやることがない老人たちの憩いの場になっています。そういう人たちとお友だちになると、自分の未来が想像できるでしょう。おれもこんなふうに図書館でひとりでぼんやり雑誌を眺めたり、居眠りしたりしながら、日が暮れるまでぼーっとしている老人になるのかと。公民館もいいでしょう。公民館も暇な老人たちの溜まり場になっているので、年寄りの話し相手になる。つまんないだろうけれど、少なくとも行けば説教してくれたりするでしょう。そこでも「ああ、自分もこんなふうになるのか」と将来が見えてきます。コンビニや百貨店もいいですね。涼しいし、きれいだし、明るいし。デパ地下に行けば、いろいろ試食もできます。日本の豊かさを満喫できます。あとは本を読むのもいいですよ。古典を読む。ヒマなんだから急いで読む必要はありません。そんなわけで、登校拒否もひきこもりもまったく問題はありません。

登校拒否は正義。ひきこもるのに飽きたら、図書館や公民館で自分の将来を想像する。

親が口うるさくてうんざりしています。「あなたのために言っているのよ」と言いますが、そういう言い方も嫌いです。口答えすると、それ以上にがんがん言ってくるので、すっかり親が嫌いになりました。

子どもが親を嫌うのは当然じゃないですか。当たり前のことです。私もどちらかというと親が嫌いでしたからね。もっとも、私の場合、親だけでなく人間そのものが嫌いなのですが。

今は子どもが少なくなって、昔より親子関係、特に母親との関係が密になりがちです。親の関心が子どもくらいしかない。重たくもなるでしょう。

親が嫌いなのは、「社会」が嫌いだということです。自分が成長しようとしているのに、親が自分の勢力圏内から出してくれないからイライラするんです。親が嫌いになるのは自立のために必要なステップです。何の問題もありません。

だいたい子どもに「嫌い」と言われた時点で、その親は教育に失敗しているバカ親なんです。そんな親に何も言う資格はありません。

とはいえ、親の方が年長であるぶん、子どもよりも知恵や経験はあります。バカな親でも言うことを聞いていた方が、子どもが自分で考えるよりはマシな判断ができることもある。つまり、親もダメですけど、子どもも大したことない。

要するにどっちもダメなんです。

親がバカなのは、子どもを教育しようとすることです。親に限らず、教育なんてすべきではありません。親がやるべきことは、子どもを保護して、ごはんを作ってあげるくらいで、後は子どもの好きなことをさせた方がいい。それ以上欲張ると、だいたい失敗します。

基本的に子どもは真似から学びます。親がまともに生きていれば、それを真似して子どももまともになる。でも、たいていの人間は、自分のことを棚にあげて話をします。自分のできていないことを、子どもに言葉で言い聞かせようとする。賢い人間でもそうなりがちなのですから、親がバカならなおさらです。自分はさんざん悪いことをしたり嘘をついたりしているのに、同じことを子どもがすると怒る。つまり、言葉でする教育ではダメなんです。

親はダメ、自分はもっとダメ

昔の親、とくに父親はあまり子どもと話をしませんでした。忙しくてそんな時間もなかった。親子の会話がない、と言われますが、昔の方がもっとなかった。今の方が「友だち親子」というか、親子関係が密になっていて、かえって危険です。

そもそも近代以前は、「教育」という考え方自体がなかったんです。それでも人間はちゃんと育ってきた。もちろん、しつけ的なものはありました。でも、それは現代の「教育」のように考え方を刷り込むのではなくて、「火には触るな」といった指示に近かった。反発して、火の中に手を突っ込んだら火傷してしまう。だから、それは生きていく上で役に立った。でも、今「教育」と言われているものは、別に従わなくても生きていくのに不便のないものばかりです。

古典アラビア語にも、現代アラビア語にも、「教育」にあたる「タアリーム」という言葉はあります。しかし、それは「知を求める者に知を与えること」です。「教える側が選んだ事柄を子どもたちに洗脳する」という意味ではありません。イスラームでは、まず啓示の「知」があり、その知を求める者がいて、人がそれをどう学んでいくかが問題になる。それが教育のもともとの意味です。

でも、近代になってその意味が変わってしまった。近代教育が必要になったのは、労働者を作り上げるためです。特に工場労働用に規格化された人間を作るために、教育が行われるようになった。自然のサイクルなんて気にせず、機械のように、朝の決まった時間に起きて工場へ行くことに疑問を持たない労働者を養成する。それが現代の教育の目的です。だからまだ規格化されていない子どもたちが、教育に反発するのは当然なんです。教育的な親を重たく感じたり嫌ったりするのも、自然な反応です。

ただ、そうは言っても、現実には親に食わせてもらっているわけで。子どもだって大したことはできないので、そこは嫌いでも妥協するしかない。でも、罪悪感など持つ必要はありません。人間はそういうふうにできているのですから。

どうしても親が嫌いならば逃げればいいんです。本人にとってどのくらい深刻かはわかりませんが、本当に耐えられなければ逃げればいい。交番に駆け込めば状況は変わります。そこまで深刻でなければ、ひきこもることです。部屋にひきこもって、ごはんだけ運んでもらう。運んでもらえるかどうかはわかりませんけれど。

親もダメだけれど、自分はもっとダメ。重要なのは、親もダメだと知ること。それがわかったら、次に自分はもっとダメだと知ること。

要するに人間はみんなダメなんです。

親を嫌うのは、自立のためのステップ。親はダメだと知り、自分もダメだと知る。

高校生ですが、友だちと話していると自分の家が貧乏だと感じることが多いです。住んでいるところや休日の過ごし方も違うし、お小遣いも少ないのでアルバイトをたくさん入れています。塾にも行かせてもらえないし、大学も「もし行きたいなら奨学金をとるか自分で稼げ」と言われています。

「家が貧乏」という悩みは、悩みとしてはありえるでしょうが、日本の貧乏なんて大したことありません。日本の貧乏は頭の中にしかありませんから。銀行口座に入ってるお金なんてただの数字です。「貧しい」と言っても、ただ頭の中で作り上げた「貧しさ」にとらわれているにすぎません。

今の日本では、月に1000円払えばずっと映画を観て暮らせるし、マクドナルドに行けばハンバーガーだって100円で食べられる。それでも周りと比べて貧しければ心理的につらいこともあるでしょうが、それは他人と比較することで頭の中に生まれたバーチャルな貧困です。

現実には、日本ではよほどのことがないかぎり飢えて死ぬことはありません。外に出れば食べ物は溢れています。本当にお腹が空いて死にそうなら、コンビニに並んでいるものをその場でむしゃむしゃ食べればいいのです。見つかればもちろん警察に捕まりますが、餓死するよりはマシです。でも、実際にはそこまで追い詰められているわけではない。単にそういうことをするのは惨めだと思い込んでいるだけです。そのことにバカだから気づかない人が、「貧乏だから食べるのにも困っている」と言うのです。

日本には生活保護をはじめ、いろんな制度があります。

食べられないなんてことはありません。

ただし、貧乏だとそういう情報にもアクセスできない、ということはありますけれど。親に、社会についての知識や関心がない。支えてくれる人間関係もない。そういう家庭に育った子どもが、後になって、自分と周りの子どもを比較して苦しくなる。

でも、それだって自分の頭の中に作りだしたバーチャルな貧困に苦しんでいる、という点は同じで、実体はありません。たとえば「貧乏だから塾へ行けない」とひがんでも、ひがむということ自体が心理的な問題です。

貧乏について考えるのではなく、お腹を満たす方法を考える

「貧乏だから塾へ行かせてもらえない」と言いますが、塾へ行きたいのは「周りがみんな塾へ行っているから」という理由である場合がほとんどです。でも、実際には塾に行ったからといって学力が伸びるわけではありません。そこで得られるものは「塾へ行っている」という安心感だけです。その安心感も、貧困と同じで実体なんてありません。

世界には、実体のある貧困もあります。たとえばシリアやアフガニスタンのような激しい内戦が行われている前線のように、物理的に食べ物も水もなく、明日をも知れぬ生命の危険にさらされている状態です。「良い学校に行けない」とか「塾に通えない」とか「かっこいい服が買えない」とか「マクドナルドのハンバーガーしか食べられない」のと、本当

に食べるものがない、飲むことができる水もない、というのとでは、貧困のリアルさが違います。お腹が空いている苦しさは、実体です。それは現実に何かを食べないかぎり癒やされません。考えなくてはならないのは、貧乏についてではなく、現実的にお腹を満たす方法です。

心理的に「貧しい」と感じるのはかまいませんが、「貧しいから食べられない」は日本ではフィクションです。貧しくても食べるためにできることはあるんです。それを探すのが勉強です。

昔は社会から落ちこぼれてまともな仕事につけなくなってしまった人たちが食うために、「ヤクザになる」という道がありました。ヤクザは、社会からドロップアウトした人たちが生きていくための受け皿でした。ところが現代では、昔ながらのヤクザ組織がどんどん潰されて、半グレ的な不良集団ばかりになっています。半グレの不良集団は、受け皿としても中途半端で、メンバーの面倒もきちんと見てくれない。食っていくどころか、逆に食いものにされて、ますます苦しくなってしまうケースもあります。

それでもシリアやアフガニスタン、あるいは銃社会のアメリカに比べれば、日本社会では餓死したり殺されたりせずに生きていける確率は十分高いのです。「自分の家は貧しい」と感じていたとしても、生き延びられる現実がある。

それでも苦しいと思うのなら、交番に行って「ここに住まわせてください」とお願いしてみてはどうでしょう。聞いてもらえなければ、半グレ集団に入って刑事事件を起こして逮捕してもらう。うまくいけば刑務所に送ってもらえます。

本当に苦しければ、そういう生き方だってアリです。

そこまで徹底して考えて行動すれば、貧乏なんて幻想だとわかるでしょう。

日本の貧乏は幻想。生き抜くための手段はいくらでもある。

友だちは多い方だと思いますが、当たり障りのないことしか話しません。表面上は友だちでも、相手が内心、本当は何を考えているかわからないのが不安です。本当の友だちが欲しいです。

他人が何を考えているかなんて、そんなもの誰にもわかりません。わからないのがデフォルト。他人のことは99パーセントわからないのが当たり前です。1パーセントわかれば十分。そう思っておくことです。

逆に聞きますが、みなさんは自分のことを、他人に本当に理解してもらいたいと思いますか？　むしろ、そんなことになったら耐えられないんじゃないですか？　「こいつウザイなぁ」とか「エロいなぁ」と思っていることを、相手に気づいてほしいですか。誰だって他人に言えないことはいくらでもあるでしょう。他人に知られたくない嫉妬や憎悪だってある。それを全部他人に理解してもらう必要などありません。自分が正しいと思うことや興味のあることが話せれば十分です。自分を偽らずにコミュニケーションしたいと言いますが、偽ることがコミュニケーションです。本心を言ったらコミュニケーションなんて成り立ちません。

そもそも「本当の友だち」って何ですか？　よく言われることですが、夫婦や恋人、親友は、お互いの顔を見ているよりも同じ方向を向いている方が良いのです。友だちが欲しいなら、自分と同じような趣味や方向性を持つ人を探すことです。

お互いが向き合って「相手が自分のことを理解してくれているかどうか」なんてことばかり気にしていては、承認欲求が肥大するばかりで、ろくなことになりません。そんなことばかり気にしているから、あやしげな自己啓発セミナーに引っかかるんです。

本当の友だちなんてＡＩだけで十分です。

自分のことなんかどうだっていいんです。自分を見てもらったり、相手を見たりするよりも、同じ方向を見ている人がひとりでもいればいい。そのためには何でもいいから、何か自分の好きなことを真面目に取り組んでいればいい。今の時代は昔と違って、同好の士が自然と集まってきます。「世界征服」でも「カリフ制再興」でもかまいません。こっちの方へ行けばお友だちがたくさんできます。どんなお友だちができるかは知りませんが。

やることが何も思い浮かばなければ、とりあえずアラビア語をやりましょう。

日本でアラビア語なんかやろうと思うのはコミュニケーション障害の変な人ばっかりですから、きっとあなたも普通に受け入れてくれるでしょう。

YouTubeなら無料で始められます。「ユーチューブ　外国語アカデミー　アラビア語」で検索してみてください。

他人のことはわからなくて当然。「本当の友だち」よりも、自分と同じ方向を見ている人を探しましょう。

3章

なぜ勉強しなくてはいけないのですか

〈勉強の悩み〉

高校受験を控えていますが、勉強に集中できず成績も伸びません。親にも心配されています。このままだと自分はどうなってしまうのか、将来が不安です。

将来の不安、ですか。

基本的に将来なんてわかりません。自分が今こうしていることを1年前に予想できたでしょうか。明日のことだってわからないのですから、将来なんて、いくら考えたってわかるはずありません。

でも、わからなくても、今まで生きてこられたわけですよね。これからだって、わからなくても、何とかなっていくんです。

そもそも将来の不安なんて、自分で幻影を作って勝手に不安になっているだけです。その幻影を持たせているのは、学校と親です。「偏差値を上げなきゃいけない」「いい学校に行けば幸せになれる」といった誤った希望、より正確には欲望を押しつけられて、「いい学校へ入れなかったらどうしよう」と不安になっている。

どうしてもいい学校に入りたいなら勉強すればいいんです。勉強したくないのに周りから「勉強しろ」と言われるのがイヤなら、勉強しなくても生きていける道を探すしかない。高校なんて行かなくても何とかなります。高校へ行かないと生きていけないと思い込まされているから不安になるんです。

生活保護も刑務所も希望

聖書の言葉で「空の鳥を見よ」というのがあります。「鳥は種蒔きもせず、刈り入れもせず、倉に納めることもしない。けれども、天の父は養っていてくださる」（『マタイ福音書』6章26節）という一節です。鳥なんて、「鳥頭」と言われるぐらいですから、おそらく何も考えていませんし、将来の不安もないでしょう。その意味では、バカであればあるほどいいわけです。

それでも不安なら、今の日本には生活保護という素晴らしい制度があります。日本国籍さえあれば、もらうのに何の資格も要らない。ただ、子どもの場合には「親」のような、助ける親族がいるとまずい。だから、まず勘当してもらい、縁を切る。そうやって生活保護を受けてみて、それでも生きていけなかったら刑務所に行くという手もある。

もちろん、未成年がいきなり生活保護というのは現実的ではないかもしれませんが、そういうことを知っておけば将来の不安がなくなります。多重債務で首が回らなくなっても、それなりに楽しく元気に生きている人もいる。できれば学校もそういう人を呼んで話してもらう機会を作れば、将来に希望が持てる学生もいると思うんですけどね。

これまで生きてこられたのだから、この先も何とかなる。

大学受験を控えているのに勉強についていけません。このままだとどこの大学にも入れそうにありません。

「勉強についていけない」というのは……ついていきたいのでしょうか？　だったら「勉強しろ」って話ですよね。

ついていけないと困るんじゃないか、と思っているだけなら、別についていけなくたって死にはしません。無理についていくことはありません。

そもそも、どうして勉強についていきたいと思っているのか。「宇宙の真理を追究したい」と思っているわけではたぶんないのでしょう。「試験で良い点を取りたい」とか「いい学校に入りたい」とか、そういうことですよね。

それなら勉強についていくのを目的にするのではなくて、いい大学に入ることを目的にして、それに特化した勉強をすればいい。

勉強ができないならスポーツ推薦を狙うのでもいい。判定は総合点ですから、苦手な科目に時間をかけるより、得意な科目でたくさん点数を稼ぐことです。

全部の科目ができる必要はありません。できないものはいくら時間をかけても伸びないので、できるものを伸ばす方が簡単です。好きなものであれば、やればある程度は伸びます。苦手なものをいやいや伸ばす必要はありません。

いい大学に入るための勉強についていけたって、しょうがないんです。大学教授になった人ですら、自分の教えている科目以外のことはほとんど忘れている。東大を出て官僚になった人間だって「記憶にございません」を連発しています。世の中そんなものです。

目的のために最小限やれる方法を考えましょう。

死にはしない。できる科目に特化して勉強する。

勉強しろと言われますが、なんで勉強しているのか、いくら考えてもわかりません。

わからなくて当然です。人に言われて勉強させられているだけですから。中学生や高校生なら、勉強＝受験勉強ですよね。つまり、なんで勉強しているかと言えば、「いい大学に入るため」。それ以外、何もありません。大学に進学しないのなら、勉強なんてする必要ありません。

だいたい勉強に興味がある人なら、こんな質問は出てきません。勉強しなくたって何も困りはしないし、大学教授だって中学高校で習ったことなんて何も覚えていません。灘校、東大を出て大学教授になった私が言うのだから間違いありません。

勉強ができる子ならまだしも、できない子にとって勉強するのは苦しみでしかありません。私も物理は苦しくてしかたありませんでした。世の中の基準からすると、私は勉強ができた方かもしれませんが、自分の意識としてはできなかったし、理解できないことだらけでした。

灘高校という学校は東大進学率が高いことから、エリート校と思われていますが、要するに生徒を「問題が解ける機械にする」という教育方法をとっているんです。生徒本人は、勉強の中身を理解しているわけではありません。むしろ「理解させない」んです。問題を解くのに「理解」は必要ない。訓練しているうちに問題が機械的に解けるようになって、私のような文系人間でもセンター試験の数学は楽々満点を取れるぐらいにはなる。でも実際には何も理解していない。

むしろ、考えていてはダメなんです。将棋で「手が浮かぶ」と言いますが、練習していると考えなくても手が動くようになる。数学も同じで、考えなくても解き方が頭に浮かぶようになる。そう言うと、すごいことのように聞こえるかもしれませんが、どうせ忘れてしまうんです。そんなわけですから、勉強の意味などわからなくても生きていく上では何も困りません。

勉強する意味がわからなくても、生きていくのに何の問題もない。だいたい勉強に興味がある人はこんな質問をしない。

先生も親も「将来のために勉強しなさい」と言います。勉強して将来役に立つことって何でしょうか?

学校の先生は「勉強しておけば将来役に立つから」と言うかもしれませんが、そんな先のことはわかりません。

世の中は変化します。

いま役に立つと思われていることが、将来役に立つかどうかなんてわかりません。そもそも自分がいつまで生きているのかもわかりません。

勉強をする意味があるとすれば、本人が楽しいかどうかだけです。

もっとも「楽しい」という感情は、人によって異なります。私は読書が好きだったので「この本は読んでおいた方が良い」みたいなリストは思い浮かびます。「読む必要がある」というより、「読んでおくといい」くらいですけれどね。

私が楽しいと感じているからといって、それを全員に強制するつもりはありませんが、本書を読んでいるくらいの方なら「読書の楽しみ」は知っているでしょう。

まあ、とりあえず推薦図書［→192ページ］を読んでみてください。

それで物足りなければ、アマゾンででも私の本を調べて、読みやすそうなのから全部読んでみましょう（できれば買ってください）。

勉強にともなう利益は「楽しさ」以外にありません。それが感じられるから勉強する。

その一方で、勉強しないことによる不利益もあります。「親や先生に怒られる」とか「成績が悪くなる」とか「クラスで恥ずかしい思いをする」とか「いじめられる」といったことです。

楽しくないのに勉強をする必要はありませんが、しないと面倒なことになる。そのふたつを比べて、勉強するかどうか決めればいい。

これは「なぜ人を殺してはいけないのですか？」という質問の答えにも通じます。人を殺してもいい。でも、人を殺すと後で逮捕されたり、刑務所に入ったり、たとえ逮捕されなくても逃げ続けなくてはならなかったりなど、いろいろと面倒で嫌な目に遭う。それを考えた上で殺すかどうかを自分で決めなさい、という話です。

人を殺すことに比べれば、勉強しないことによる不利益は大きくありません。

親に怒られるなら歯向かえばいいし、いじめられたらひきこもればいい。

先生に怒られたら学校を辞めればいい。

勉強しないことによる不利益より利益が大きければ、無理に勉強する必要ありません。

勉強が将来役に立つかどうかなんてわからない。勉強が楽しければすればいいし、楽しくなければしなければいい。

高校生ですが、あまり大学へ行きたいと思いません。でも、親は「大学へ行け」と言います。勉強はあまり好きではないし、大学に行く意味もわかりません。それでも大学へは行った方がいいのでしょうか？

大学に行くことに、意味などありません。

でも、詭弁《きべん》に聞こえるかもしれませんが、意味がないと知るために大学に行くのはアリです。

「大学へ行く意味がわからない」と言う人はおそらく、親や先生から「行け」と言われているんですよね。

つまり、親にお金を出す用意がある。

奨学金を借りてまで大学に行く必要はないと思いますが、お金を出してもらえるのなら行っても損はないのではないかと思います。

そもそも「大学へ行く意味がわからない」と言う人は、何がしたいのでしょうか？

進学せずに働きたいのか？　働くのは大学に行くより大変ですよ。

ニートをしていたいのか？　親がニートになってもいいと言うのなら、それもいいでしょう。でも、ひょっとしたらニートよりも大学の方が、意味はなくとも楽しいかもしれません。

大学には意味もないし、役にも立ちません。そもそも役に立つ人間とはいったい誰にとって役に立つ人間のことなのか、実際に誰のことを指しているのか。そう考えると、大学は役に立つことや意味を求める場所ではないとも言えます。

働いてお金を儲けるには、いろいろとつらい思いをしなくちゃいけません。それに比べれば、学生はあまりお金は使えませんが、お金がなくても楽しめることを見つけるチャンスがある。

つまり、大学の意味などより、そこで楽しめる方法を見つける方が大切なんです。

ギリシアの哲学者プラトンも「知ることが一番の快楽である」と言っています。

「知る楽しさ」に気がつけば、お金がなくたって人生は楽しめる。

大学に意味があるとすれば、そういうチャンスを得られる可能性がある点だけです。

意味はないし役にも立たないけれど、親がお金を出してくれるのなら大学に行って損はない。

大学受験を控えた高校生です。志望校に入れなかったときのことを考えると不安になります。もし志望校に落ちてしまったらどうすればいいのでしょう。

もう1回受験するか、あきらめるか、どっちかしかないですね。

まずその志望校にどうして入りたかったのか、考えてみましょう。具体的に何かしたいことがあるのか、それともその大学のブランドに惹《ひ》かれているからか。

たとえば、医師になりたいのなら医学部へ行かなくてはなりませんが、特にそこでなければいけない明確な理由がなければ、ただのブランド志向に過ぎません。

学歴社会と言われていますが、現実には高い学歴を必要とされる就職先なんて、ごくわずかな一部上場企業だけです。それを除けば、どこの大学だろうと大して変わりません。

今の世の中は、実際には学歴社会ではありません。

大学院を出たって、かえって社会では使い物にならない人になる可能性の方が高い。

それよりも目標をはっきりさせることが大切です。

浪人は、よほどのことがない限り1回まで。

医学部は別として、それ以外は1年以上浪人するメリットはありません。何年も浪人して少し良い大学へ入るより、若さの方が価値があります。

今のあなたに入れる大学で、できることを探す方が建設的です。


1年以上の浪人にメリットはない。今入れる学校で、できることを探す。

他人にできて自分にできないものがたくさんあります。運動も勉強も器用にこなしている友だちを見ていると、自分はダメだなあと落ち込んでしまいます。

人間ができないことなんて無数にあります。
できたって仕方ないことも無数にある。
だいたい、いろんなことができる人間ほど幸せになっていません。
器用貧乏と言うように、器用な人は他人に使われるだけで終わる。
むしろ「自分にはできません」と言う方が、だいたいうまくいきます。
できない人間に無理にやらそうとしても、かえって問題を起こすだけですから。
中途半端にできることが増えると、かえって生きづらくなるんです。

他人に利用されやすくなりますからね。
でも、何もできなければ、誰もその人を利用しようとしません。
そっちの方が、ずっと生きやすいです。

何もできなければ、人に利用されない。器用な人は他人に使われるだけで終わる。

大学生ですが、夢を追いかけるべきか、収入のいい仕事に就くべきか迷っています。

そもそもその選択肢が本当にあるのか？　という話です。

どっちにいったとしても、うまくいくかどうかはわかりません。どちらもダメな場合だって大いにあります。と言うか、世界の人類のほとんどは、夢も叶わなければ、収入の良い仕事にも就けません。日本もどんどんそうなってきています。

どっちにいってもわからないのなら、好きなことをやった方がいいでしょう。収入が良くても、入れば入った分だけ出ていくものです。今は収入がなくても楽しめることはいくらでもあります。やりたいことをやった方がいい。

どうも若い子どもたちの悩みや質問に「すべきかどうか」が多いですが、「すべきこと」なんてこの世にありません。

すべきなのはカリフ制再興だけです。

それ以外に「すべきこと」など何もない。

したかったらすればいいし、したくなければしなければいい。

でも、本当にしたいことだったら、すでにやっているものです。

「すべきかどうか」なんて悩んでいる時点で、たぶんやりたくないんだから、無理にやらなきゃと思わなくてもいいんです。


本当にやりたいことなら、すでにやっている。悩んでいるのは、どちらも大してやりたくないから。

運動が得意ではありません。スポーツを観るのは好きだし、運動ができた方が女の子にモテるので、運動が得意になりたいのですが。

歩けりゃいいんです。

普通に歩けりゃ十分。

今の日本で運動ができるかどうかなんて、学校出たら何の関係もないです。

私みたいに歩けなくなるとかなり困りますけれど、歩ければ世の中でそれ以上のことを求められることはありません。

それでも運動ができるようになりたいのなら止めはしませんが、「できないけどやりたい」ってのはバカです。

バカなことはやめなさい。

やんなくたっていいです、そんなものは。

そもそも運動なんかができるからといってキャーキャー言って寄ってくるようなバカ女になどモテても仕方ありません。

運動なんてバカなことはやめなさい。歩ければいい。

4章

夢が持てません

〈世界征服のススメ〉

「夢を持て」「目標を持て」と言われます。夢も目標もどうやって持てばいいのかわかりません。そんなことを考えていると不安になります。

将来の不安を解消するのに一番いいのは、「絶対に実現しない夢」を持つことです。不安なのは、夢や希望が実現するかどうかわからないからです。実現しないとわかっていれば、不安の持ちようがありません。

私の場合はイスラーム教徒なので、「カリフ制再興」を目標として掲げています。

カリフとは、簡単に言えば、イスラーム世界を束ねるリーダーのことです。カリフ制再興とは、西欧が引いた国境を地球上から廃し、カリフを中心としてイスラーム法の支配の下に人やモノやお金の自由な移動が保証されるような、真にグローバルな世界を実現することです。

スケールの大きな話でしょう？

でも、スケールが大きすぎて、私が生きている間にそれが実現するかと言われたらきわめて難しい。ですから、実現しないかどうか不安になることもありません。

夢や目標がないなら、若い人たちにはぜひ私と一緒にカリフ制再興を目指してもらいたいのですが、イスラーム教徒でもないのにいきなりカリフ制再興はハードルが高いでしょう。そこでオススメしたいのが、「世界征服」です。世界征服とは、理想の世界を作ることです。なにか血が沸き立つ感じがしませんか？

昔も今も、世界征服はアニメやマンガの大きなテーマです。今人気の『秘密結社 鷹の爪』や『キングダム』のテーマも、世界征服です。

けれども、正義のヒーローが出てくる話だと、世界征服をもくろむのは悪いやつだという設定のものが多いんです。『科学忍者隊ガッチャマン』のギャラクターとか、『仮面ライダー』のショッカーとか。古過ぎてわかりませんか？　でも、実はヒーローの方が権力に縛られているんです。正義の味方は、たいてい、いま利益を得ている側について既得権益を守ろうとする。正義の味方はたいてい権力の犬です。本当に現状を改革しようとする正義の味方は、めったにいません。

ですから、正義の味方を目指すのではなく、世界征服を遠い目標に置く。漠然としたイメージでもかまいません。そして「世界征服」のために自分に何ができるのかと考えてみましょう。

すべてを世界征服と結びつける

たとえば、あなたがいじめられているとしたら、そのいじめているやつらを何とかするのが世界征服へのステップになります。そいつらは「世界征服」という我が目標の前に立ちはだかる障害なのだ、と考えるのです。

単にいじめから逃げたいと思っていたときと、自分の行動のはるか先に「世界征服」という目標があり、その前にいじめっ子が立ちはだかっていると考えるのとでは、取り組み方や意気込みがまったく変わってきます。

いま自分の身に起こっているすべてを世界征服と結びつけて考えられるようになると、

将来の不安など消し飛んでしまうでしょう。『キングダム』を読んでいても、誰も将来のことで不安になったりしていませんよね。世界征服をするとなったら、のんきに不安になっているヒマはないんです。

では、次のステップは何か。それは身の回りにすでにあるものを利用することです。世界征服の仕方は誰も教えてくれませんから、まずは周りを見回して使えそうなものを探す。言い換えれば、身の回りのすべてが世界征服の手段になります。私の場合、その第1ステップは高校の生徒会長に立候補したことです。それが私の世界征服（のちのカリフ制再興）への第一歩のつもりでした。まあ、落選したのですが。

たとえば、世界征服を妨げるいじめっ子を取り除きたければ、いじめっ子よりも強い権力を持つおまわりさんと組む。そのために交番に毎日通って「助けてください」と土下座する。イヤがられても、ひたすら続ける。みっともないとか、かっこ悪いというのも、世界征服のために必要なのだと思えば気にならないでしょう。

進学や就職も、世界征服を視野に入れて考える。どの大学へ行くか、どんなアルバイトをするか、あるいは働かないで生活保護を受けるかも、世界征服を軸に考える。もし大学受験に落ちてしまったら「陰謀があった」と言って騒げばいい。事実かどうかはどうでもいい。大事なことは、自分の人生を物語にしてしまうことです。それも「お金持ちになる」とか「いい会社に入る」とか、そういうつまらない物語ではなくて、「世界征服」という壮大な物語の中に自分を位置づけるんです。視野を広く持てば、小さな悩みはどうでもよくなります。

たとえば、生活保護を受けるというと、一般的にはどこか後ろめたかったり、惨めだったりと感じる人もいるかもしれません。けれども、世界征服のためだと考えれば、みじめさなんて吹き飛びます。生活保護も世界征服実現のための戦略の一部だと考えられるからです。刑務所に入ったとしても、そこで食うに困らない生活をして健康づくりをしながら、じっくりと世界征服の計画を練ることだってできる。それこそが高い志というものです。

「絶対に実現しない夢」を持つ。世界征服がオススメ。

「世界征服を目指せ」と言われても、あまりに飛躍があってイメージが湧きません。具体的にどういう世界を目指せばいいんでしょう？

私はイスラーム教徒なので、世界征服＝カリフ制の再興なのですが、イスラーム教徒でない日本人なら、戦国時代とか、あるいは『三国志』のように、東アジアを征服する話がモデルになると思います。

いわゆる大東亜共栄圏です。

大東亜共栄圏というと、日本の帝国主義と結びついてあまり良いイメージがないかもしれませんが、もともとは「国境をなくそう」という発想です。世界征服とは、国境をなくすことに他なりません。今はただの排外主義になってしまった右翼も、かつては「八紘一宇《はっこういちう》」と言っていて、国境をなくして日本人も、中国人も、朝鮮人も、蒙古人も、すべての民族が家族のように仲良く暮らす王道楽土の建設を目指していました。

たとえば日本、台湾、北朝鮮、韓国が連邦を作って中国に対抗するところから始める。日本の国力はすっかり落ちたとはいえ、まだ余力はあります。今あるものを使って遊ばなければもったいないです。現在の東アジアの動きを見て、これをどう動かそうと現実的に考え始めると、きっと勉強が楽しくなります。

漢文も、中国語の勉強へのワンステップと思えばやる気が出るでしょう。ハングルを勉強していれば、世界征服の前段階で、気づいたらKポップのアイドルになっているかもしれません。

ゲームやマンガのような世界を、現実で自分が主体となって進むのです。こんなに楽しいことは他にありません。

まずは東洋の君主国として、「覇道」（武力による支配）ではなく「王道」（徳による支配）を目指しましょう。武力ではなく裏から支配する方法です。

たとえば、現在のサウジアラビアはアメリカに武器を買わされ、アメリカ人コンサルタントも雇っています。アメリカからすると「自分たちが裏からサウジアラビアを操っている」と思っているかもしれません。しかし、サウジアラビアは「奴隷のやる仕事をアメリカにやらせている」と思っています。お互いが自分の都合の良いように誤解しあっているんです。

昔の日本でも、武士は自分たちが一番偉いと思っていたけれど、実際には商人の方が威張っていたし、公家は公家で自分たちが一番偉いと思っていました。多様な価値観があると、お互いに自分が一番だと思っていられるんです。

日本にはまだお金があるので、「武力は北朝鮮に任せているんだ」みたいな捉え方もできます。東アジアの国々がお互い都合良く誤解しあえる関係を作っていくのが、王道による世界征服。それが大東亜共栄圏への道です。

世界征服の仲間をつくろう

世界征服をリアルに生きるにはどうすればよいのか。

それには物語を共有しあえる仲間が必要です。

私は『俺の妹がカリフなわけがない！』というライトノベルを書いていますが、それは若い人たちを世界征服に駆り立てるためです。

『キングダム』のようなマンガも、そのために活用できます。日本人に人気の『三国志』でも、蜀《しょく》の劉備《りゅうび》は漢王朝復興というあり得ない世界征服の夢に生きていました。不可能なことのように思えても、それを信じて行動すると、物語を共有する仲間ができて、現実にいろんなことが展開します。

もちろん本書の読者が全員、世界征服を目指すとは思いませんし、実際に行動を起こす人は1000人にひとりもいないかもしれません。けれども、自分ならどうするか？ と考えるくらいはできます。始まりはそこからです。

昔、吉田《よしだ》戦車《せんしゃ》の『伝染《うつ》るんです。』というマンガに、世界征服を夢見ている女の子が出てきました。ボーイフレンドといても、ずっと世界征服のことしか考えていない。すべてを世界征服という枠組みで考えている。つきあっている男の子の方はまったくそれに気づいていない。そういうことです。

さっきも申し上げたように、世界征服を現実的に考えるようになると、必要なことを自分から勉強するようになります。世界征服に必要な知識は何か。アジアを足がかりにするなら、みんながやっている英語ではなく、中国語やハングルを学ぶ。世界征服のためだと思えば身が入りますし、モテる可能性もあります。

すべては世界征服のためのツール

また、世界征服という目標を持つと、身の回りのものの活用方法を考えるようになります。世の中にあるものは、すべて世界征服のためのツールです。親も、友だちも、学校も、交番も、刑務所も、図書館も、世界征服のためのアイテムです。

いじめられているなら、交番へ駆け込む。

お金がなければ生活保護を申請する。

うまくいかないことは「陰謀」のせいにする。

そうやって、現実の世界を世界征服というゲームの舞台と見なして、自分はその中の一キャラクターとして生きる。そして仲間を作る。

人間関係がうまくいかないという人がいますが、それは当たり前です。

人間関係は基本的にうまくいかないものなんです。

うまくいかなければ、自分が親分になって、子分を作ればいい。

もともとの性格は関係ありません。自分が陰キャなら、ネットでバーチャルな人格を作って子分を募る。「おまえを将軍にする」とこっちで勝手に任命する。そのためにもSNSは不可欠です。

世界を征服するには、世界を知らなくてはなりません。所詮バーチャル世界ではないか、と言われるかもしれませんが、そんなことはありません。バーチャル世界をリアルに生きていれば、それがリアル世界とつながっていくのですから。

大東亜共栄圏。覇道ではなく王道による支配を目指す。

家にいたくありません。ひきこもっていましたが、親や学校にいろいろ言われるので、いっそのこと家出したいと考えています。家出について先生はどう思われますか。

家出、大いにしましょう。

日本は家がセーフティーネットになっていません。前にも言いましたが、日本社会は家がメンバーを守らない社会なんです。ですから、家出する人がいるのは当然だと思います。家出は（映画『男はつらいよ』の）寅さん以来の、日本の伝統文化です。

ただ、みなさんの家出を実り多いものにするためには、準備が必要です。現金はあった方がいい。なければ親の財布からこっそり拝借しましょう。あるいはお金になりそうな物を家から持っていく。そんなにたくさんは要りませんが、少しは余裕があった方がいい。

どこまで家出するかによりますが、移動したいのにお金がなければヒッチハイク。タダで泊まるには寝袋が便利でしょう。あと水筒とライターくらいはあった方がいいですね。冬の寒いときには公園で新聞紙や雑誌を燃やせば暖を取れます。もちろんスマホもあった方がいい。それくらいあれば、とりあえずどうにかなります。

季節も大切です。家出の目的にもよりますが、生き延びようと思っているならば夏です。生きる気力がない人や死にたい人なら冬です。

家出は世界征服への第一歩

家出でも、大事なことは目標《ビジョン》です。オススメの目標は、やはり世界征服。なぜ家出が世界征服につながるのか。それは自分の家を出ることによって、世界全部が自分の家になるからです。

そのときに考えてみてください。「なぜ私は歩かなくちゃいけないんだ？」とか「なぜこのままよその国に行けないんだ？」と。「なんで私はアメリカ大統領になれないいんだ?」でもいい。そういうことを考え出すと、この世界が間違っていることに気がつくでしょう。

すると、もっといろんなことを知りたくなってくるはずです。そうしたら図書館があります。昼間は無料でずっといられます。そこでとりあえず世界がどんなものか、本を読んだりDVDを観て考える。都会だったら、スーパーやデパ地下の試食コーナーをめぐって栄養補給する。足りなければ、タダ飯を食べさせてくれるところを探す。都会ならば、いろんなところで炊き出しやタダ飯の配給をやっています。

たとえば、モスク(イスラーム教の礼拝所)では土曜日の夜に行けばカレーなどが食べられます。ラマダン(断食月)の日没後ならば1か月間、肉やごちそうが食べられます。キリスト教の教会でも、炊き出しをやっているところがあります。そういう情報をスマホで調べたり、炊き出ししている人やもらいに来ている人に聞いたりすれば、お金がなくてもごはんが食べられることに気づきます。

もちろん選《よ》り好みはできないし、量も十分ではないかもしれませんが、生き延びられる程度には食べられることがわかるでしょう。それまで知らなかった世界が広がるんです。

モスクなんて外国人ばかりなので、日本人とは違った人間関係の中での発見もたくさんあるでしょう。ヒマなんだから歩いてそういうところを回れば、実り多い家出になります。モスクや教会で何か質問されたら「世界征服のインターンをやってます。そのために勉強してます」とでも言えば、「今どきの若者にしてはしっかりしている」と思われて、励ましてもらえるかもしれません。

日本がイヤなら海外へ出ましょう。パスポートを取っておくのはオススメです。未成年はパスポートの取得に親の署名が必要ですが、親本人が行く必要はないので自分で書けば大丈夫です。

パスポートを持つと大人な気分になれて、世界征服に近づいた気がするはずです。日本のパスポートは価値が高いし、それで自分の価値を再確認できます。若くて日本人であるだけで、価値があるんです。海外でスマホを駆使して友だちを作れば、お金がそんなになくても何とかなりますし、日本ではできない経験ができて、世界征服についてより具体的に考えられるでしょう。

家出は世界征服の第一歩。

世界征服は悪い人がやるイメージがあります。「世界平和」ならみんなに理解されると思うのですが、どうして「世界征服」なんですか？

世界平和は目標にならないからです。どういう意味だかわかりますか？　世界征服は、「私」がやるものなんです。でも、世界平和だと私がやるものじゃないでしょう。世界平和には主体性がありません。だって「私が世界平和をする」って変でしょう。世界平和は

「私」が主体になってはできません。

平和というのは結果でしかありません。自分が何かをすることによって、結果的に世界平和が達成されることはあるでしょう。たとえば自分が悪のラスボスみたいな役になることによって世界がまとまったとしたら、それも世界平和の実現です。そういう意味では、世界平和の道はいくらでもある。ただ、それは目標にはなりません。

そもそも、平和とは決して薔薇《バラ》色のものではありません。人間は基本的に「みんなちがって、みんなダメ」です。世界はダメ人間ばかりで、悪いやつらもいっぱいいる。そういうダメな人たち全員が平和で幸せになれる世界なんてありません。平和であるためには、悪いやつやダメなやつを無理やり抑え込んだり、互いに我慢し合ったりしていくしかない。世界平和というのは、「誰かにとっての世界」の平和でしかない。自分が主体的に世界平和を実現しようとして敵と闘い、相手の世界平和を否定する。そうやって自分にとっての平和が達成される。そういうものです。

世界征服は主体的なもの

それに対して、世界征服は文字どおり征服するわけです。征服されている人間もいれば、我慢している人間もいる。そこには自分の主体性が存在しています。誰かに何かやって欲しいという話じゃない。世界征服は能動的なんです。しかも、世界の秩序をがらりと変えてしまう。日本のような小さな枠にとらわれて「愛国心がどうした」とかいう次元を根底からひっくり返すものです。争いや対立も否定しません。そういうスケールの大きさを視野に入れた上で、まず自分の身近な世界、たとえばクラスを征服するというところから始められるんです。クラスだってひとつの世界です。

だいたい「Twitter とかで「天下取る」と言っている人はたくさんいますけれど、誰も実際に天下なんて取っていないですからね。各自が自分のイメージの中で「天下を取った」と思っているだけだし、それでいいんです。

なぜなら自分が「世界」だと思っているものだけが「世界」なんですから。

アングラ演劇界が「世界」だと思い込んでいれば、30人入ればいっぱいになる芝居小屋を満員にすれば天下を取ったことになります。

それに、世界征服に際しては、必ずしも自分が世界の君主にならなくてもいいんです。自分の陰謀で誰かを世界の君主に祭り上げたと思えれば、自分が世界征服をしたのと同じことです。

ネトウヨたちが、ネットでさかんに安倍（晋三）を褒め称えているのも、安倍が政権に就いたのは自分のおかげであり、自分こそが安倍を動かす黒幕だと思い込んでいるからです。彼らはそれで天下を取ったつもりになっているのです。

『コードギアス』という、私の好きな近未来小説的なアニメがあるのですが、これが世界征服の話です。大国ブリタニアの皇子が、国から排除され、復讐のために仮面をつけて「ゼロ」という名前で革命運動を起こして、世界を巻き込んだ闘いをくり広げるんです。

すごく面白いので、世界征服したい若い人はぜひ観てみてください。

世界平和は誰かがやるもの、世界征服は自分でやるもの。

そう言われても世界征服には抵抗があるのですが、世界征服を目指さない生き方はないのでしょうか?

もちろん、すべての人間が世界征服しろと言われても困ると思います。世界征服が必ずしも最善とは限りません。世界征服しろというのは、そういう目標を立てることによって自分の悩みを相対化できるからです。逃げたり、ひきこもったりしてもかまいませんが、

本当に今の自分の置かれている状況を変えたいのであれば、世界征服という目標を持つと少し生きやすくなるよ、ということです。

一方で「いじめられたら逃げろ」という話をしましたが、「逃げる」という生き方も当然あります。逃げ切れるならば逃げた方がいい。

マンガ『スヌーピー』に出てくるライナスの科白《セリフ》に「どんな問題も逃げきれないほど大きかったり、むずかしかったりはしない！」というのがあります。まず逃げる。そしてすべては逃げ切ることができるという。たいていの問題はすぐには解決しません。いったん逃げて、力をためて、それから世界征服を目指してもいい。

もちろん、世界征服を目指せばすべての問題が解決するわけではありません。「問題は解決しない。解決しようとするとたいていうまくいかなくなる」という話をしましたが、そもそも問題という枠組みは自分で作っているわけです。ですから、何かを問題視している自分をそのままにして、解決しようとすること自体が矛盾しています。でも、問題を解決はできなくても、粉砕はできます。世界征服を目指すと、それまで問題だと思っていたものが問題ではなくなる。問題が粉砕されるんです。

世界征服の前に、まず逃げる。世界征服を目指せば、問題が粉砕されて生きやすくなる。

世界征服と世界平和の違いはわかりました。世界平和に関わっている国際連合（国連）という組織を、中田先生はどう思いますか？

ダメです。
そもそも国連が考えている世界平和というのは、現存する領域国民国家体制を維持し、それぞれの国の支配者たちの既得権益を守るのが目的で、それを「平和」という美名で粉飾しているだけですから。国連というのは、そういう特権階級の支配者たちが互いの既得権を侵さないことで合意したカルテル（独占目的で作られた企業同士の協定）です。互いの縄張りを侵さないためのヤクザ同士の手打ちと変わりません。

国連の目指す世界平和とは、要するにヤクザの手打ちなんです。

そこがもう根本的にダメです。本当に世界平和を目指すとしたら、まず国民国家を壊さないことには話になりません。

国家があってもなくても平和でないことには変わりません。でも、国家システムを守ることによって、たくさんの人間が死んでいる現実があります。たとえば、独裁国家で国民が飢えたり殺されたりしている状況があっても、その国の人たちが国外に出ることが許されない。出たとしても他国で迫害される。そういう現実がある。

先進国の人たちにとっては、今の国家システムに守られている方が得ですから、それはそれでかまいません。国境の外で多くの人々が飢え死にしたり、内戦で殺されていたりしても自分たちが無事ならかまわないのです。私たち日本人もそう思って生きています。

もし、そういう死にかかっている人たちが難民となって命からがら逃げてきても、先進国の人たちは決して歓迎しません。その人たちに住むところや食べるものを提供するにはお金がかかりますし、そのまま彼らが居着いて低賃金で働く労働者になったら、自分たちの仕事が奪われてしまいます。そうなるくらいなら、彼らを見殺しにすることを選ぶのです。

「人類は平等」と言いつつ、国連はそういう人類を平等に扱わない国家システムを認めているんです。その点ですでに矛盾しているし、欺瞞《ぎまん》に満ちているんです。

根本的にダメ。国連の言う「世界平和」は、国民国家システムを温存したまま、世界の特権階級の既得権益を守ることでしかない。

5章

好きな人に告白できません

〈恋愛の悩み〉

イケメンで女の子に人気のある同級生を見ていると、自分がどんなに頑張っても、あいつの方がモテるんだろうと思えて空《むな》しくなります。自分もモテたいのですが、どうすればいいのでしょう。

早く結婚すればいいんです。

結婚しないから、そういうことで悩むんです。日本では親の同意があれば女性が16歳、男性が18歳で結婚できることになっていますが、私は遅すぎると思います。

女性12歳、男性15歳でいい。

そんなに幼くては結婚生活など無理だと思うかもしれませんが、失敗したら別れればいい。それが自由というものです。12歳でも利口な子どもは利口ですし、20歳になってもバカはバカのままです。

男の15歳なんてまだ子どもだと思われるかもしれませんが、結婚させないから子どもなんです。結婚すれば大人になります。結婚しなきゃ、いつまでたっても子どもです。だから、モテるとかモテないとかいったくだらないことで悩むんです。

将棋の藤井《ふじい》聡太《そうた》くんなんか、14歳でプロ棋士になりましたけれど、あれだけの立派な振る舞いができる大人、今の政治家どもを見渡して、どこにいますか？　その藤井聡太くんに結婚する権利も選挙権も被選挙権もないのに、色ボケ、欲ボケした老人どもには何でも許されている世の中、どう考えてもおかしいでしょう。

貧しいから結婚できないというのは妄想

結婚はほぼ義務と考えた方がいい。

例外措置はあってもかまいませんが基本的には義務。

本当は性行為ができる時点、つまり第二次性徴の発現をもって結婚年齢にした方がいい。

淫行《いんこう》条例なんて、何の根拠もありません。

子ども同士が性行為を行っても淫行条例に引っかからないのに、大人と子どもだと引っかかる。それがおかしい。人類史的に見ておかしな制度です。

結婚年齢を引き下げれば、子どもを作ってもいい年齢が下がりますから、少子化対策にもなります。子どもを持つとお金がかかると言われていますが、それも思い込みです。日本には社会保障だってありますし、社会保障がなくたってムスリムの国々では子だくさんでもなんとかやっています。それどころか国家破綻しているシリアやイラクの難民キャンプの食うや食わずの難民たちでさえ、結婚して子どもを生んで育てて暮らしています。まして や生活保護制度がある日本で「貧しいから結婚できない」というのは、まったくの妄想です。

生活保護や社会保障があるうちは、どんどん使うべきです。破綻すると言われていますが、日本は国そのものが1000兆円もの絶対に返せない借金を抱えてやっているのですから同じことです。その金を子育て支援に使えばいい。子どもがいても学校へ行きたい人のために、学校の中に託児所を作ってもいい。

結婚制度や選挙制度も含めて、現行のすべての制度には根拠などありません。「自由」

をお題目に掲げているにもかかわらず、制度的にはちっとも自由ではない。「自由です」と言いつつ、子ども同士の結婚はいけない、大人と子どもが性行為をすると淫行だという。世の中はそういう矛盾だらけです。

なるべく早く結婚しなさい。結婚しないからくだらないことで悩む。

容姿にコンプレックスがあります。鏡を見ていると気に入らないところばかり目につきます。友だちにからかわれたりしたことはないのですが、きっと陰で私のことをバカにしている気がします。

これはどうしようもないですね。

コンプレックスと実際の容姿は関係がありませんので、自分がかっこ悪いと思ったら、かっこ悪くしか見えなくなるんです。論理的にどうこうって話じゃないので、かっこいいという頭の中のイメージに実際の容姿を近づけるしかない。韓国に行って整形をするしかない。それがすぐにできなければ、将来の整形を夢見て暮らす。

コンプレックスそのものの解消は、現実的には難しい。イスラームでは「神は外面を見ない」と言いますが、そう言われても納得しないでしょう。「そんなことは気にしないで、人格を磨いたり勉強したりしなさい」と正論を言われても納得できないでしょうね。

本人にとって「容姿のコンプレックス」が何を意味しているかにもよりますね。「痩せたい」ならダイエットすればいいけれど、「顔を変えたい」とか「背を高くしたい」となるとどうしようもない。やはり整形ですね。それがイヤならバーチャルリアリティの中で遊ぶというのもあります。バーチャル世界で美しくなった気になる。

基本的に人間は、自分の顔は見えないように創造されています。鏡を意図的に見ようとしない限り自分の顔は見えません。自分の顔が嫌いなら無理に見ずに、バーチャル世界で遊んでいればよいのです。

男女差もあるでしょう。若い女性の場合、容姿が注目されがちというのはあるかもしれませんが、男も女も長期的な人間関係で見れば、容姿よりも性格や愛想のほうがずっと大切です。容姿が良ければ知らない人からちやほやされることはあっても、それだけの話です。つまり、最初にモテるかモテないかだけです。

男なら容姿が良いより、お金がある方が確実にモテます。だったら、容姿を良くすることに悩んでいるより、お金を儲けましょう、という話です。

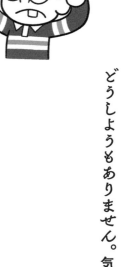

どうしようもありません。気になるなら整形。

好きな人がいるのですが告白できません。自分がもっとモテれば、こちらから告白しなくても、向こうの方から寄ってきて、告白されるのだろうなと思います。そうなるにはどうしたらいいのでしょう。

告白できないという気持ちはわかりますが、いいからさっさと告白しなさいとしか言えませんね。告白できないってのは、物理的にできないと言うよりも「告白したら断られるんじゃないか」と思って怖くなるからでしょう。でも、合理的に考えたら、断られたって現実は何も変わらないのですから、怖れることないんですけどね。

戦略的に考えるならば、まず断られないような告白を考えましょう。断ったら相手が大変な目に遭うとか、断れないお膳立てをする。ドラマですと、相手の親に借金を負わせて、それをチャラにする代わりに自分とつきあえと迫る、というのがありますが、学生には難しいですね。でも、相手の好みや弱みを知ることで、断られにくくする工夫はできます。

一番重要なのは事前の情報収集です。ストーカーから始めて、相手の情報を集める。相手につきあっている人がいた場合は、最初にそっちを別れさせるための陰謀を練る。手足になる人間を使ってスパイ活動をして相手の弱みや好みを握る。または嘘の情報を流して、相手の関心をひいたり、ライバルを蹴落としたりする。そんなことをしていると、告白するより陰で糸を引く方が楽しくなってくるかもしれませんが、それはそれでいいわけです。

「モテたい」といっても「モテる」をどう捉えるかによります。モテたいというのは、「恋人が欲しい」とか「特定の相手に好かれたい」というより、「誰でもいいからちやほやされたい」という感情ですよね。評価されたいとか承認欲求に近い。

正論を言えば、モテるためには「この人は素敵だ」と思う人間の真似をすることです。自分が魅力的だと思う人や、周りからモテている人間の真似をすればいい。真似するのはアイドルとかではなくて、あくまで自分の周囲の人間です。

たいてい、モテている人は他人に優しくて、悪いことをしません。他人に優しくして、善行を施していればだいたいモテます。性格が悪くてそれが難しいのであれば、とにかく自分の持っているものを何でもいいからあげる。

あげるものはなんだっていい。勉強ができるなら他人に勉強を教えてあげる。力持ちだったら力仕事をしてあげる。家が金持ちだったら金を周りに配る。間違いなくモテモテです。厳密な意味でそれがモテているのかどうかはわかりませんが、人気者にはなれます。

いいからさっさと告白しなさい。モテるには、周囲のモテている人の真似をすること。

憧れている異性がいたのですが、自分の親友も同じ人を好きだったことがわかりました。友情も大事だし、かといって好きになった人をあきらめることもできません。どうしたらいいでしょう。

これ、何がダメなんですか？

日本には恋愛の自由を禁じる法律はないですよね？　気にせず「とりあえず友だちなんだから分け合いましょう」というのではダメなんでしょうか。好きになられた方も、複数から嫌われたならともかく、複数から「好き」と言われたのなら嬉しいのではないでしょうか。

そもそも、これは好きになられた側の問題ですよね。自分を好きになったふたりのうち、ひとりはカッコよくて、もうひとりがろくでなしだったら、どっちを選ぶかははっきりしています。でも、ふたりともカッコよかったら「ふたりともで」でいいじゃないですか。

武者小路《むしゃのこうじ》実篤《さねあつ》に同じテーマを扱った『友情』という作品があります。結局、友情と恋愛のどちらかを選ぶかという話になるのですが、友だちが大切だったら友だちを選ぶべきだし、恋愛が大切ならとりあえずアタックしてみればいい。

妻子のいる相手と不倫して、というようなややこしい話ではないので、若いうちに社会経験としてどんどんやればいいと思います。

何の問題もありません。


「友だちなんだから分け合いましょう」でいい。何の問題もなし。

セックスは何歳になったらすればいいというのはあるのでしょうか？

第二次性徴があれば、していいに決まっています。もちろん結婚もです。それを法律で禁じるような、人権も人道も無視した国家は今すぐ潰れればいいのです。

全員が結婚するかどうかは別ですが、制度としては第二次性徴があった時点で結婚できるように改正すべきです。結婚するとは、社会的に認知されることに他なりません。

少し前に『中学聖日記』（ＴＢＳ系列／２０１８年10月〜12月）というドラマがありました。中学生男子が新任の女性教師と相思相愛になる話です。その女性教師は淫行教師とか、いろいろ言われて結局その学校を辞めさせられてしまう。でも、何がいけないのか？　中学生同士で結婚すると生活力がありませんが、先生と結婚すれば暮らしていけます。むしろそっちの方がいい。

もちろん先生にだって選ぶ権利があるので、わざわざ中学生を選ばなくてもいい。でも、自分で選んだのなら問題はありません。遊びだと言われるなら、結婚して社会的に認知されるようにするのは良いことです。どちらかが浮気をすれば離婚の理由になるし、慰謝料だって請求できます。お互いにとっていいことずくめです。

早く結婚して、世界征服を目指そう

精神分析医のフロイトに『文化への不満』（光文社古典新訳文庫）という本があります。その中でフロイトは、基本的にすべての葛藤の原因はリビドーにあると言っています。リビドーとは一般的には「性欲」と翻訳されます。実際にはもっと幅広い概念ですが、読者のみなさんはとりあえず性欲だと思ってもらってかまいません。

フロイトは、人間にとって一番楽しいのは、このリビドーを満たすことだと言います。しかし、リビドーを満たし続けていると、楽しさのあまり他の活動ができなくなってしまう。リビドーを抑えないと文化が作れないんです。

つまり「文化がある」とは「リビドーを抑えている」ことであり、だから文化というのは不愉快なんだ、とフロイトは述べています。身もふたもない話ですが、それを受けて「性欲を解放すれば、みんなハッピーになる」という考え方が出てきたこともあります。ヴィルヘルム・ライヒ（1957年没）というドイツの学者の説です。日本語訳も出てますので、興味があれば読んでみてください。

文化とは、資本主義システムの下では商品生産のためのものです。働くためにリビドーを抑えさせられている。リビドーを抑えなくてはならない倫理的根拠があるわけではないんです。そのことにみなさんも早く気づくべきです。

誰もが結婚しなくてもいいけれど、第二次性徴があったら法律としては許可すべきなんです。許したとしても世の中の秩序がひっくり返ることなどありません。一夫一妻かどうかとか、同性同士の結婚が合法かどうかなどの問題があれば、民主主義だと言うのなら選挙で決めればいい。「一時婚」でも「一日婚」でも、それを結婚と呼ぶかどうかは文化の問題です。合法化すれば、どのような形であっても結婚になります。

ですから、若い人はとりあえず早く結婚し、世界征服を目指しましょう。

第二次性徴が来たら、セックスは自由。むしろ第二次性徴があった時点で結婚できるようにするべき。

彼女が欲しいです。いいなと思う人はいるのですが、声をかけて嫌われてしまうことを考えると怖くなって何も出来ません。どうやって親しくなればいいのでしょう。

まず役所に行って婚姻届をもらってきましょう。

そして自分の印鑑を捺《お》して、相手に渡す。そうすれば本気度が伝わります。極端に聞こえるかもしれませんが、すでに私は周りの若い人たちに勧めています。

婚姻届には、いろんな種類があるんです（左ページ参照）。市町村によって可愛いらしいデザインのものもあるので、いろいろ集めてみるといいと思います。令和対応の婚姻届も出ましたし、ネットからテンプレートをダウンロードしたり、自作のものでさえ受理してもらえます。可愛い用紙を手に入れるか、自作するなどして、そこに自分の名前を書いて恋人にしたい相手に渡す。そして「結婚年齢になったら届けてください」と言う。

遊びじゃない。本気なんだという気持ちが伝わります。たとえ相手につきあっている人がいても、本気度ではこちらの勝ちです。

用紙はたくさん用意しておくことです。もちろん渡すのは一度にひとりです。複数の人に配るのはいけません。ただ、いつ運命の出会いがあるかわかりませんから、いつも持ち歩いておくことです。相手のタイプやキャラに応じて、どの用紙を使うかを決めます。

相手が引くのでは、と心配する人もいるかもしれません。そういう人は他の方法で何とかすればいい。でも、他に方法がない人、口説いたりできない人のためにこそ婚姻届があ

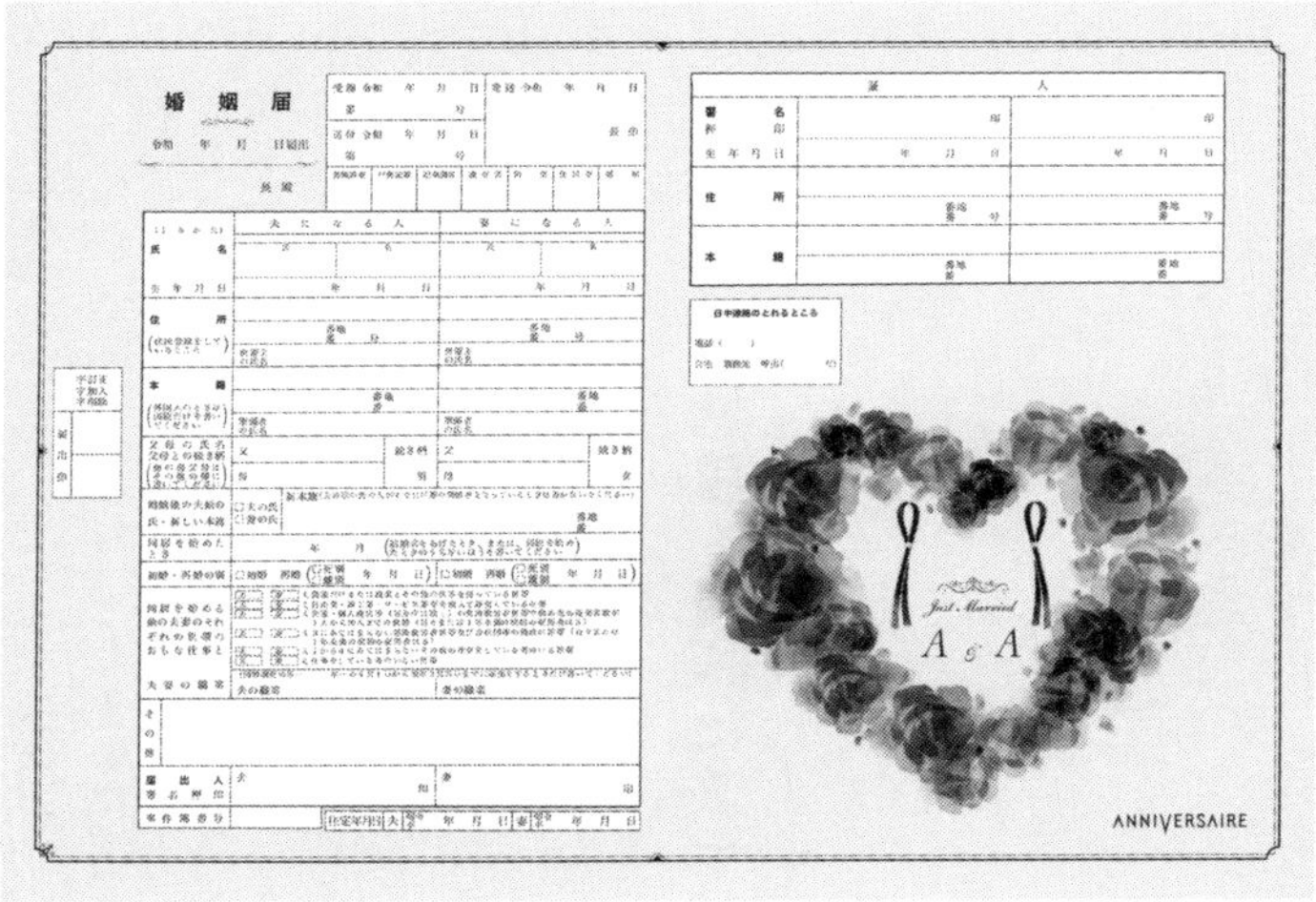
婚姻届
証人
Just Married
A & A
ANNIVERSAIRE

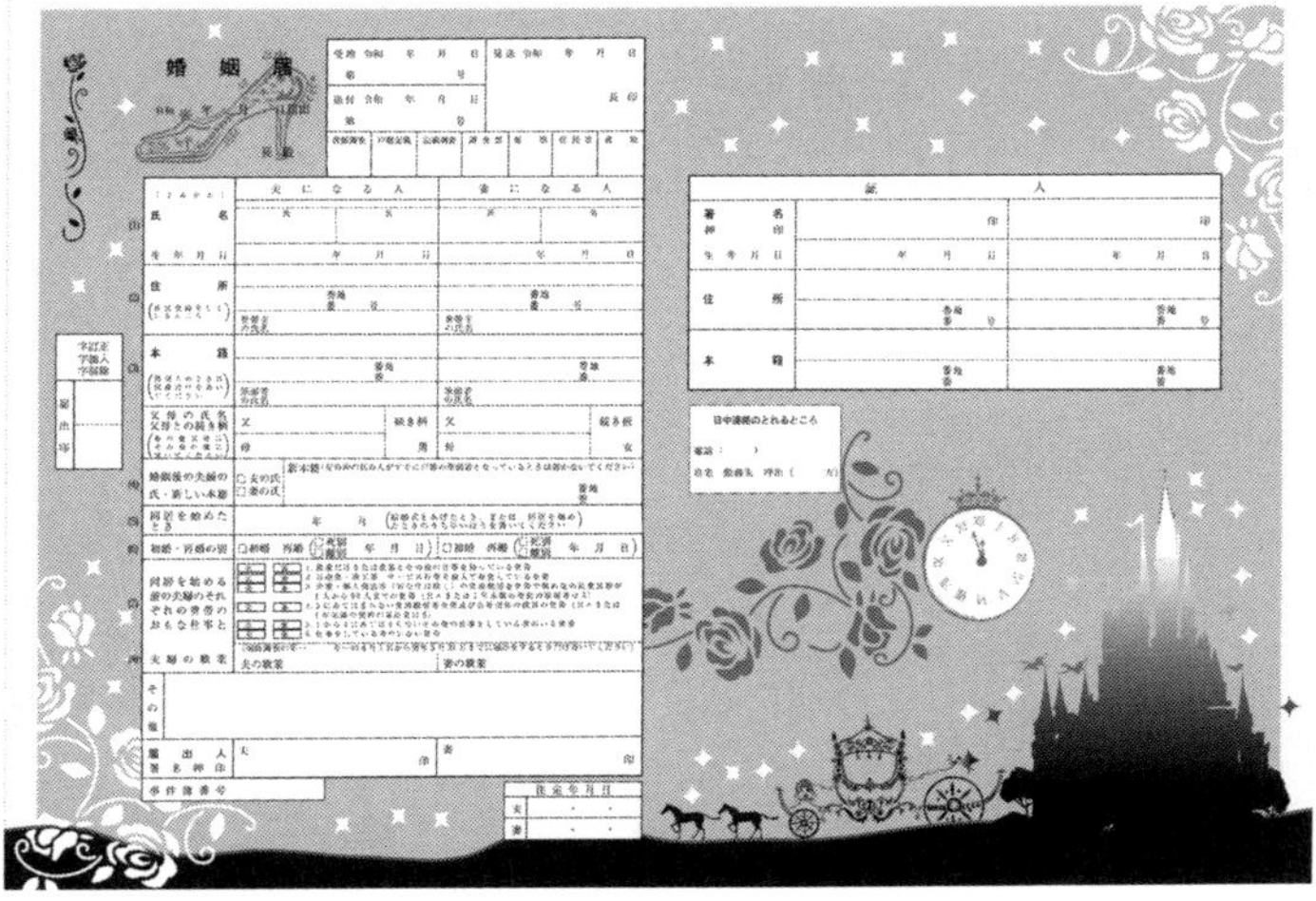
婚姻届
証人

る。これ1枚あれば、どんなに美辞麗句を並べ立てるより、本気度が伝わります。これ以上わかりやすいものはない。自分の印鑑を捺し、あとは相手に任せる。とても潔い。それでもダメならあきらめろってことです。

とりあえず、自分のお気に入りの可愛い婚姻届の用紙を探しましょう。まず行動すること。うじうじ考えるより考えを行動に落とし込みましょう。

婚姻届を相手に渡す。あなたの本気度が伝わる。

6章

人は死んだ後どうなるのですか

〈その他の悩み〉

やりたいことが見つかりません。

とりあえず授業に出て勉強しろっていう話です。授業は面白くないかもしれませんが、布団から出られるくらいの気力があるなら、大学まで行って授業に出てみる。そのために入ったのだし、何もやらないよりましです。授業に出たり、大学へ通っているうちに、ひとつくらい面白いことが見つかるかもしれません。

これが大学生の悩みの1位だそうですね。一生懸命受験勉強してきて大学に入ってみたら、何もやりたいことがない。大学へ行こうかどうか迷っている高校生［↓121ページ］に聞かせてあげたいですね。

なんのために働くのかわかりません。

お金を得るためです。それ以外に理由はありません。それより「働かないといけない」と思っている方がおかしい。働かなくたっていいんです。たとえば親がお金を出し続けてくれるなら、働かなくても困らない。働き甲斐が欲しい、という人もいるかもしれませんが、働き甲斐なんてものがあると思い込んでいる方がおかしいんです。

暗い性格を直したいのですが、どうすればよいのでしょう。

直す必要はありません。

学生ローンで借金をしてしまいました。返そうにもお金がなくて困っています。どうしたらよいのでしょう。

しょうもないですね。返せないのなら、親に泣きつくのが現実的です。親にお金があるなら、の話ですけどね。親は振り込め詐欺でもお金を出すくらいです。親に泣きつくのなら犯罪にもなりません。

もっとも、学生ローンなんてそもそも返済能力の疑わしい人間に金を貸そうというわけですから、それ自体が悪徳です。返さなくたってかまいません。返さなくても大して困らないようにできていますから。あなたのようなクズに金を貸すようなやつもまたクズかバカですので、自業自得というものです。

人は死んだ後どうなるのですか？

これは、「死ぬのが怖い」ということなのでしょうか。もしもそうなら「イスラーム教徒になれば来世があるから大丈夫、安心してください」としか言えません。

そうはいっても、身近な人が死んだりするとショックは受けるでしょうね。それまで生きていて動いていたものが死体になる。自分もいつかそうなると思うと怖いでしょう。

来世があると心から信じられれば恐怖は消えるでしょうが、そうでなければ考えてもしかたありません。あきらめて生きて、できるだけ楽な死に方をすることです。といっても、なかなか思うようには選べませんけれど。

実際には、今の日本ではそう簡単には死にません。そのうちに考えても無駄だから考えなくなります。それが大人になるということです。

勉強がまったく手につかなくて困っています。

バカですね。あきらめなさい。勉強しなくても生きていける世界はいくらでもあります。

これからの進路が決められません。大学へ行くにしても何を勉強すればいいのか。将来どうしたいのか自分でもわかりません。

カリフを目指しましょう。カリフになれるのはひとりだけですが、今は空いています。なり手がいない。ただ、カリフになったら世界中の国々から敵視され、殺される可能性もありますけれどね。

学校行事に出るのが面倒くさいです。

出なければいいんです。

留学したいのですが、お金のことを考えると親に言い出せません。

基本的に留学の9割は失敗します。卒業できればまだしも、だいたい卒業もかなわず挫折して帰ってくるのが関の山です。もちろん挫折自体が人生経験だと思えるなら意味はあるかもしれません。その覚悟があれば行けばいいと思います。

自分と合わない人とどう接したらいいかわかりません。

合わないと思ったらつきあう必要ありません。バカブロックです。

両親の仲が悪くて、いつも喧嘩しています。見ていてつらくなります。

仲良くさせられればいいですけれど、子どもにできることは限られてます。たぶん仲良くならないでしょうから、物理的に外に出ている時間を増やして家に近づかない。そして学校を出たら早めに縁を切ることです。

問題を起こしまくって、家族で協力せざるを得なくするというショック療法もあります。人を殺したり、放火をしたり、校長を人質にとって校長室を占拠して立てこもったりとか。

でも、あまり過激なことをすると共倒れになる可能性もあるので、やはり距離をおくしかないでしょうね。

恋愛で悩んでいて、他のことに手がつけられません。勉強と恋愛とどっちが大事なのでしょうか。

どっちも大事なら両立させればいい。勉強を教えてくれる彼氏・彼女ができれば解決です。でも、こういう質問をする時点で、勉強が大事とは思っていないんでしょうね。もし相手が大事だと思うなら恋愛なんかやめて、さっさと結婚しなさい。結婚する気もないのに、恋愛が大事だなんて言う資格はありません。

はっきりいって恋愛は人生の無駄です。恋愛中はデートなどをしますが、結婚すればずっと一緒にいるわけですから、そういう無駄な時間はなくなります。そうなれば時間をもっと有効に使えます。勉強だってできます。だから早く結婚しましょう。

もっとキレイになりたいです。カッコよくなりたいです。

小学生ですと、キレイとかカッコいいとかっていうのは見た目の話でしょうね。若い子なんて、若いだけでそれなりに可愛いし、いじればいじるほど変になりかねない。それでもカッコよくなりたいなら、とりあえずファッションに凝ったり、化粧をしたりしてみましょう。それで周りの評判を見てみる。まずは何かやってみることです。

朝なかなか起きられません。

起きなくていいです。

私自身あんまり起きられません。そういうふうに作られていない人間もいるんです。起きたタイミングで行けばいいんです。教室に入るとき「てへぺろ」とか言って。学校としても、親としても、遅刻される方が不登校になられるよりマシです。

もっとアルバイトをしたいのですが、親が許してくれません。

これは親がお小遣いをくれるのに、それ以上稼ぐのは許してくれないということですかね。だったら、親のお金を勝手に引き出して使いまくったら許してくれるんじゃないでしょうか。「遊ぶお金くらいは自分でバイトして工面しろ」と言われる状況を作り出すことです。

自由に使えるお金が少なくて困っています。

仕方ないですね。どこかから盗んでこい、と言うと怒られそうなので、アルバイトしろよとしか言えません。

推薦アニメ（世界征服初心者用）

●『科学忍者隊ガッチャマン』

1970年代につくられた世界征服アニメの古典的作品です。

ガッチャマンは5人の少年・少女からなる科学忍者隊で、地球征服をもくろむ「ギャラクター」という秘密結社と戦うという話です。悪役の出てくる作品は実写ではいろいろあるんですが、世界征服をうたっていて、なおかつ登場人物が人間という条件を満たしたアニメは当時はガッチャマンくらいしかありませんでした。いうまでもなく、世界征服を目指す私たちにとっては、ガッチャマン＝既得権益に味方する敵として観ることが必要です。ベルクカッツェさま、万歳！

●『秘密結社 鷹の爪』（シリーズ）

主人公は世界征服を目指す悪の秘密結社・鷹の爪団。世界征服を目指すあなたには、そのまま参考になります。彼らが国境をなくすと明言している点で、私が目指しているカリフ制再興にも通じます。でも、鷹の爪団はお金がないし、失敗ばかりしている。その鷹の爪団の野望を阻もうとする敵方デ

ラックスファイターは、いわゆる「正義の味方」なんですが、こちらの方が図々しくてどうしようもないやつだったりする。そういう意味でもリアリティのある作品です。

●『コードギアス』（シリーズ）

2000年代から始まったアニメですが、現在も続いています。近未来の世界という設定で、イギリスがモデルのブリタニア帝国の元皇子が、故国を追われて日本で暮らし、父王に復讐するためにブリタニア帝国に戦いを挑む話です。日本は占領されているという設定です。元皇子は野望のために、まずはその日本をブリタニア帝国から独立させるために暗躍します。帝国化した世界にどのように戦いを挑むかという意味で、リアルでシリアスな話です。世界征服を目指す若い人は必見です。

●原泰久『キングダム』

群雄割拠時代の中国を統一して大秦帝国を樹立するという、そのものずばり世界征服の話です。もっとも、この当時の「世界」は中華なんですが、法によって世界を治めるという理想は、イスラーム法による支配を旨とするカリフ制に通じます。実際の歴史

では大秦帝国は始皇帝が亡くなった後、あっというまに崩壊してしまうのですが、それはイスラームの『クルアーン』にあたる天の啓示の書がなかったからでしょうね。

●松井優征『暗殺教室』

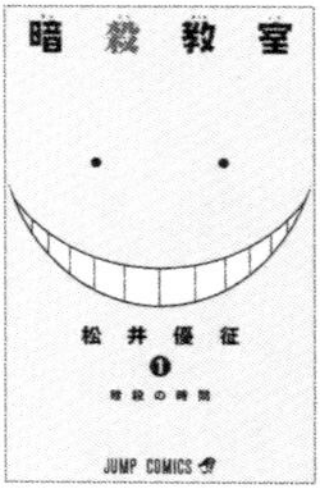

世界を破壊してしまうほどの力をもつ謎の生物が中学校の教師になり、「私を殺さないと世界が破滅するから、私を殺してみなさい」という奇抜な設定の話です。教室の中で起きることが世界の運命を決定してしまうという意味で、世界征服とは決してスケールの大きな国際社会を舞台とした話ばかりではないことがわかります。先生を暗殺して世界を破滅から救う。それによって結果的に世界征服が達成される。その意味で世界征服のサブテキスト的な作品です。

推薦図書（世界征服上級者用）

●夏目漱石『草枕』

『日本人とユダヤ人』という本を書いた評論家の山本七平という人がいました。その山本

七平が、日本人のメンタリティーがわからないという外国人に向かって、それならこの本を読みなさいといって薦めたのが『草枕』です。山本七平は日本人の宗教は「日本教」と呼ぶべきものであり、『草枕』はその聖書にあたるとまで言っています。有名な冒頭だけでも読んでください。人間の世界は住みにくいけれど、人間の世界がいやならば人でなしの世界に行かなければならない。でも、そこはもっと住みにくい。だから、住みにくくても人間の世界でなんとかやっていこう、という話で、そのなんとかやっていこうという行動が世界征服の精神に通じます。

●セルバンテス『ドン・キホーテ』

ドン・キホーテは風車を巨人だと思って向かっていったり、百姓の娘を姫だと思って求婚したりします。はた目から見れば狂っているようにしか見えないのですが、世界征服という物語を通して人生を生きるとはそういうことです。また、ドン・キホーテにはサンチョ・パンサという従者（子分）がいます。世界征服を目指す主人を支えることで、サンチョ・パンサもまた世界征服を生きることができる。ドン・キホーテにならなくても、誰かの子分になることで世界征服に参加することができるんです。

おわりに

中田考

思い起こすと、私は他人に相談したことがない。池袋東武百貨店のレストラン街スパイスの行き方とかは、しょっちゅう迷って案内係に尋ねているけれど、人生に迷って誰かに相談する、という発想が私にはない。

だから子どもたちの悩み相談と言われても、正直、「こいつら何をバカなことを言っているのか」としか思わなかった。

もちろん、私にも迷いや悩みがないわけではない。

いや、子どものときから今まで、いつも悩み迷っている。

笛吹けど踊らず。今若者の間で大流行だという Tik Tok で歌に乗せて、人類と大地の解放のカリフ制再興のメッセージを発信しても、いっこうに手応えがない。若者たちの間でカリフ・ブームが起こる気配も感じられない。なぜだ!?

しかし、だからと言って、誰かに相談しようとは思わない。いくら迷い悩んでいても、およそ迷い悩むに足るような問題には、他人に聞いてすぐに答えが返ってくるような解決などないことだけは知っているからだ。

イスラームには、キリスト教や仏教と違ってイエスや釈迦、そしてその代理を務める祭司や僧が人を導き救うという発想がない。導きも救いもただ神からしかやってこない。

迷いも悩みも苦しみも悲しみも私だけのもの。

誰にも手渡さない。

ただ神にだけ祈り、祈り続ける。

信じて待ち続ける者だけに、答えは与えられるべきときに相応しい形で与えられる。

そう信じる。

縁あってここまで本書を読み進めてくれた人たちに、神の導きがあらんことを。

著者略歴

中田考（なかた・こう）

イスラーム法学者。1960年生まれ。灘中学校、灘高等学校卒業。早稲田大学政治経済学部中退。東京大学文学部卒業。東京大学大学院人文科学研究科修士課程修了。カイロ大学大学院文学部哲学科博士課程修了（Ph.D）。1983年にイスラーム入信、ムスリム名ハサン。現職は同志社大学一神教学際研究センター客員フェロー。『イスラーム国訪問記』『みんなちがって、みんなダメ』『帝国の復興と啓蒙の未来』『イスラーム法とは何か？』『カリフ制再興ー未完のプロジェクト、その歴史・理念・未来』など著作多数。

田中真知（たなか・まち）

作家、あひる商会CEO、2019年より立教大学講師。1960年生まれ。慶應義塾大学経済学部卒。1990年より1997年までエジプトに在住し、カイロ大学留学中の中田考氏と知り合う。著書に『アフリカ旅物語』（北東部編・中南部編）、『ある夜、ピラミッドで』、『孤独な鳥はやさしくうたう』、『美しいをさがす旅にでよう』、『増補へんな毒 すごい毒』『たまたまザイール、またコンゴ』など。中田考氏の『私はなぜイスラーム教徒になったのか』『みんなちがって、みんなダメ』などの構成にも携わる。

13歳からの世界征服

2019年10月22日　初版発行

著者　中田考

構成　田中真知

イラスト　コルシカ

デザイン　木庭貴信＋岩元萌（OCTAVE）

発行者　北尾修一

発行所　株式会社 百万年書房
〒150-0002　東京都渋谷区渋谷3-26-17-301
tel: 080-3578-3502
http://www.millionyearsbookstore.com

印刷・製本　中央精版印刷株式会社

ISBN978-4-910053-10-3